幽默散文集

晨讀10分鐘

［中學生］

廖玉蕙——主編

Rae——繪圖

晨讀10分鐘
幽默散文集

歡樂三國

我們一家

美味關係

運動精神

魔咒世界

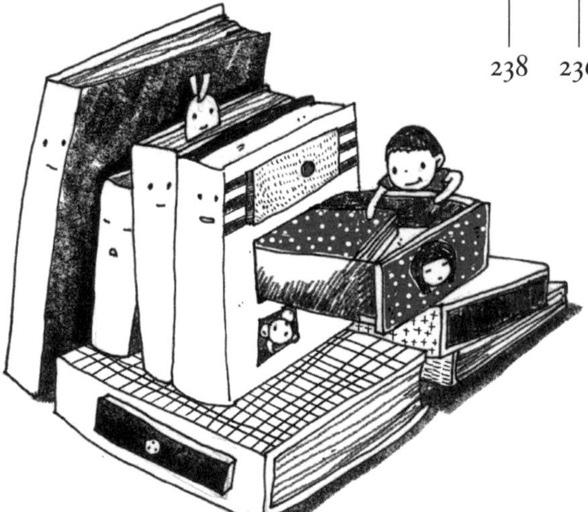

〔選編人的話〕

讓幽默成為終身受用的財富

■廖玉蕙

你怕寫出千人一面的文章嗎？

一般人總錯覺中華文化比較缺乏幽默感，從小到大的教育裡，一向強調「君子不重則不威」，所以，父母師長都教我們要「莊重」、「正經」，偶而開點無傷大雅的玩笑，便被斥為「嬉皮笑臉」或「玩世不恭」，這種過度謹小慎微的拘束，反應在學生的作文裡，就成了戴上虛假面具且語言乏味的制式文字：學生總是識趣地挑選看似最安全的論述走，於是千人一面，缺少活潑的新意。大部分的人都被侷限在固定且陳舊的思維裡打轉，怎麼也繞不出死胡同。

其實，早在先秦時代的《莊子》、《孟子》、《韓非子》裡，就有許多充滿趣味的寓言，無論是「揠苗助長」、「齊人有一妻一妾」或「買櫝還珠」都是耳熟能詳的幽默小小說。古人在遊說君王時，發現講道理不如說故事來得有效，幽默機智的言語絕對比政治正確的理論佔上風。

很可惜這樣的領會很快被奉儒家思想為圭臬的八股舉士制度所淹沒。幽默的文字終究被封建體制下不許違背經注、不能自由發揮、只能隨聲附和的八股文給打敗了，真是好不可惜！只是說來奇怪，如今封建制度早就成為歷史，戒嚴也已解除多年，學校課本選文卻仍在拚命的自我戒嚴！

思想沒能解放，自然嚴重缺乏實驗性

我們的課本真是太嚴肅了！過度注重空洞的品德教條和單調的知識積累，莫說學生看了提不起興趣，一書在手，我保證連大人也難逃周公的召喚。

一本幽默有趣的課本何其重要！就是因為缺乏優雅有趣文章的閱讀經驗，學生的玩笑往往流於惡趣，格調不高；就是因為國語課本到現在還在大玩「四十四隻石獅子」的老梗，課本的思想沒先能解放，學生的作文自然嚴重缺乏實驗性。

如何將淺質的玩笑引導入較為深刻的趣味中，可能是教科書商可以加把勁，老師、父母可以著力的地方，也是出題的考官可以再斟酌的所在。

美國人往往可以不在意別人對他頑固、奸詐、無賴的指責，但卻無法忍受「沒有幽默感」的批評。麥克阿瑟將軍在為兒子所寫的祈禱文中，除了求神賜給他兒子堅強、勇敢、誠實、謙遜的美德外，特別拈出「充份的幽默感」，由此可見西方社會對幽默的重視。西潮東漸，雖說中西民情不同，但對生活情趣的追求應該已無二致。

看幽默文章，不幽默也難

台灣的作家很多，慣常以正經八百或情致纏綿的面貌示人，若談到以幽默見長的，可就屈指可數了。本書所選的二十一篇文章的作者，除了毛姆之外，共十七位，從余光中先生到張輝誠，年齡相距四十餘，囊括了六個年級，且這些作者無不以寫作幽默文章見長，讀者或許可以從其中見出時代變異對文學內容與風格所產生的影響。值得一提的是，坊間為年輕人編選的文集很多，卻鮮少以幽默為主題，此書所選作品篇篇有趣，堪稱一時之選，很具代表性。看完這些文章，不幽默也難啊！

以下，請容許我以簡筆迅速掃描本書收錄文章的部分精采內容：

● 三國故事變成當紅炸子雞

在余光中教授的〈孔夫子印名片〉裡，諸葛亮化身為足智多謀的文具店老闆，給孔子上了一堂寶貴的英文課。

夏烈的高中生活儘管桀傲難馴，卻曾一個不小心栽倒在〈出師表〉的第一段，雖然他機靈地臨時抱佛腳，跟同學一樣背誦了第四段。

廖玉蕙的課堂上，學生亂攪和，韓愈追韓信；劉備牽劉邦；關羽遇項羽；岳飛打張飛，打得滿天飛！

宇文正則一家三口夙夜匪懈發瘋似的迷三國，為三國神魂顛倒，諸葛亮的壯志未酬，簡直就是他們家的最大憾恨。

《三國演義》果然是我國最受民間歡迎的故事書。

●三國人物固然有趣，家人更是詭奇的角色

詹宏志的二姐，抽屜裡裝了什麼寶貝不稀罕，稀奇的是她居然如有神助地察覺出抽屜被翻過的痕跡！不是都花了大力氣將裡頭的東西設法歸位成和原來一模一樣了嗎？真是讓人納悶啊！

張輝誠的心肝阿母有夠熊！大字不識一個，還敢四界趴趴走：在電梯按鈕上塗口水、作記號；搭錯車乾脆順便玩遍台北；還妄想用心念法打手機給兒子；胡亂使用各項電氣化產品……卻意外地從目不識丁的鄉下阿巴桑脫胎換骨為一名現代獨立新女性。

一張舊照片，因為眾口鑠金，差點讓劉靜娟懷疑自己得了老人失智的毛病，壞就壞在主角二姐已然仙去，不在場的證人，失去了發聲管道，讓「是我？不是我？」的論辯差點兒成為台北的另一宗羅生門。

廖玉蕙家突然來了一隻充氣豬，從神采奕奕、顧盼自雄到委頓發皺、瘸腿歪脖，無一不牽動全家人的心。母女倆抱著豬仔匆促行走在忠孝東路的鬧區上，為小豬惶惶然求醫的景致，端的是台北街頭最美麗的風景。

莊裕安的父母活脫沉默的哈姆雷特遇上能言善道的唐吉訶德。悶葫蘆似的父親最終成為半邊側臉人，猶然活躍的女唐吉訶德媽媽翻身一躍掌握了歷史的詮釋權。而失智的老人失去的豈只是語言！餐餐無肉不歡的人臨終竟只能被迫茹素，可又能怎麼辦？只好無奈地念一聲「阿彌陀佛」！

●從吃雞到殺雞，從補習到付帳

你吃過搶來的死雞嗎？你鄰居朋友的爸爸曾經擦白粉扮演過何仙姑嗎？你看過番茄樹長在屋頂上嗎？讓黃春明跟你細說分明。

你曾經想過寫信給孔老夫子嗎？余光中筆下造訪文具店的孔子，這回將被簡媜請出來開補習班，「有教無類」原來就是「有給他教，沒有給他分類」！何等聰明、智慧的解釋！

不學好的鄭順聰，打輸了架，踰牆逃走，不小心跌進了殺雞地獄，卻也跌出了致富的機會，百香果冰意外媒合了一宗賺錢的差事。

一頓平凡的午餐，竟吃出十多年的夙恨！在毛姆筆下，貪婪與虛偽淪肌浹髓的被描摹！「我午餐從來只吃一樣東西。」年近四十的女人不停的重複說，卻陸續老實不客氣地吃掉最昂貴的七樣食物，讓付帳的男人差點兒落荒而逃。三百磅的體重是她最後付出的代價。

●光顧著吃，若不運動，體重包準很快就跟毛姆筆下的女人看齊

先跟著亮軒一起去跑馬拉松吧！你沒見過穿皮鞋跑馬拉松的吧！五十歲的男人發願長跑，疲累如喪家犬之際，一雙朝霞映照下的均勻修長女腿拯救了他的意志與靈魂，為他贏得基本款的獎品—毛巾一條，慈悲地見證他殘存的青春。

貓跟蚤子都不是好惹的！陳淑瑤無意中和野貓分享魚骸，卻從此引發一場和跳蚤的追趕跑跳碰，滅蚤、趕貓，一場場的混戰於焉展開，人、貓、蚤三邊會戰，誰輸？誰贏？請自行展閱端詳。

為了成為球主，王正方餓肚子餓到兩眼昏花，在朝會中壯烈暈倒數回合，你想知道終於如願擁有一顆籃球的他，如何打球打到四肢無力嗎？

你曾經夥同朋友從事秘密活動嗎？為了和學生共同收集條碼，熱心的陳黎老師隨身攜帶小刀，時時虎視眈眈同事的手中零食、目光炯炯家中廁所的衛生紙：「路見條碼，拔刀割下」。後來卻峰迴路轉，有了讓人意外的結局，整個行動猶如群體被下了魔咒。

●我們本來就生長在充滿魔咒的世界裡

家有女兒初長成，電話如囂張的驚嘆號，滔滔捲來！一通又一通，像催魂鈴；打開電腦，毫無分類過濾的伊媚兒紛至沓來，一封又一封，像垃圾山；出門搭車，計程車像司機的肥皂箱，臥虎藏龍外加牛鬼蛇神，到底該攔下哪一輛？而人生當中，最讓人欣羨的快事，莫若將醒未醒之際，容許一晌貪歡！

紀蔚然嫌棄「伊媚兒」的稱呼太性感，何況還人盡可夫；計程車司機，或喋喋不休，或靜謐如鼠，也常讓人感覺危機四伏。

一向被大人呵斥的賴床惡行，居然可能凝鎔成後日的深情！舒國治的驚天之論，說得如此有憑有據，學問盡出；如此理直氣壯！教人反駁也難。賴床之論一出，天下懶人盡歡顏，從此更加肆意高枕無憂。

余光中家的電話聲聲入耳，猶如催魂之鈴，戲稱是五個女人接線生的他，當女兒對著電話切切私語、既笑且嗔時，睿智如余先生者難道也有束手無策的時候嗎？

伊媚兒、電話、計程車和床鋪，無一不跟現代生活息息相關。在被施了魔咒的世界裡，哪一位能躲得過被現代科技拘捕到案呢？

培養幽默感，終身受用無窮

佛洛依德說得好：「最幽默的人，是最能適應的人。」面對尖銳問題或尷尬場面時，以幽默的方式應對，往往能化解緊張對立的氣氛。它是機敏的臨場應對，蘊含高雅、雋永的情趣。

閱讀幽默的文章，對現代人、尤其是苦悶的學生而言，則有三大重要的指標意義：一是讓有趣的文字調劑生活的苦悶；二是閱讀後，能間接學習幽默的應對，潤澤我們的人際；講到第三點就顯得有些短視近利——學些與眾不同的寫作技巧，讓作文呈現不同以往的韻味與風情。

雖然，一般以為這種能力得之自然者多，得之學問者淺，未必人人都具備，但是，絕對可以藉由耳濡目染、觸類旁通來培養。課本上，出現幽默的文章；作文課上，老師多提醒學生對人性作深刻的觀察，雙管齊下，讓學生慢慢琢磨，逐漸摸索，必定有人可以跟著寫出幽默，有人能夠隨之讀出趣味，久而久之，這樣的訓練自然會內化到生命裡，成為終身受用的財富，這也正是這本選集編選的精神所在。

孔子收到美國「世界漢學國際研討會」的請柬，邀請他在開幕典禮上作專題演講，十分高興，準備先去印一盒名片。文具店老闆問：「英文的一面，不知該怎麼稱呼？」

孔夫子印名片

——余光中——

孔夫子印名片。

孔子收到美國「世界漢學國際研討會」的請柬，邀請他在開幕典禮上作專題演講，十分高興，準備先去印一盒名片。文具店老闆見聖人來了，異常恭敬，問清楚名片要中英文對照，對孔子說：「英文的一面，不知該怎麼稱呼？」

「不是有現成的 Confucius 嗎？」孔子反問。

「那是外國人對您老的尊稱，『孔夫子』拉丁化的說法。」老闆笑笑說，「您老不好意思自稱『孔夫子』吧？」

「那倒是的，」孔子想到自己平常鼓吹謙虛之道，不禁沈吟起來。

「那，該怎麼印呢？」

「杜甫昨天也來過，」老闆說。

「哦，他的名字怎麼印的？」孔子問。

「杜先生本來要印 Du Fu，」老闆說。「我一聽，說，不好，太像『豆腐』。杜先生說，那就倒過來，叫 Fu Du 好了。我說，那更不行，簡直像『糊塗』！」

「那怎麼辦？」孔子問。

「後來我對詩聖說：『您老不是字子美嗎？子美，子美……有了！』杜甫說：『怎麼有了？』我說：『杜子美，就叫 Jimmy Du 吧！』」

孔子笑起來，叫一聲「妙」！

「其實韓愈也來過，」老闆又說。

「真的呀？」孔子更好奇了。「他就印 Han Yu 吧？」

「本來他要這樣的，」老闆說。「我一聽又說不行，太像 Hang you 了。韓老說，『倒過來呢？』我說，You hang，那也不行。不是『吊死你』就是『你去上吊吧』，太不雅了。」

「後來呢？」孔子問。

「後來呀，」老闆得意洋洋，「還是我想到韓老的故鄉，對他說：『您老不是韓昌黎嗎？』他說『是呀』。我說就印 Charlie Han 好了。」

「太好了，太好了！」孔子笑罷，又皺起眉頭，說，「他們都解決了，可是我到底怎麼印呢？」

老闆想了一下，叫道，「有了！」

「怎麼啦？」孔子問。

「您老不是字仲尼嗎？」老闆笑道。

「對呀，」孔子滿臉期待。

老闆大叫：「就印 Johnny Kong 好了！」

不久那家文具店國際聞名。大家這才發現，那老闆原來是諸葛亮假裝的。

——原載《余光中幽默文選》，二〇〇五年六月天下文化出版

作者簡介

余光中（1928–），福建永春人，生於南京，臺灣大學外文系畢業，美國愛荷華大學藝術碩士。歷任台灣師範大學、台灣大學、政治大學、香港中文大學教授，中間並赴美講學四年，一九八五年起定居高雄西子灣，任中山大學文學院院長及外國文學研究所所長，現任講座教授。余光中一生從事詩歌、散文、評論、翻譯，先後主編多種文學刊物，馳騁文壇逾半個世紀，在華文世界已出版著作上百種，為當代華文世界經典作家之一。著有詩集《蓮的聯想》、《白玉苦瓜》，散文《逍遙遊》、《聽聽那冷雨》，評論集《掌上雨》、《分水嶺上》，翻譯《梵谷傳》等。

剛一跨進大門，我就想，這下子又有三年好日子可以過了。
在我看來，經常逃課偶爾補考是為學一大樂趣，
所以深自慶幸考入這所功課鬆，
但是聯考成績冠於全省的中學。

我的高中生活

—夏烈—

我的高中生活。

剛一跨進大門，我就想，這下子又有三年好日子可以過了。

在我看來，經常逃課偶爾補考是為學一大樂趣，所以深自慶幸考入這所功課鬆，但是聯考成績冠於全省的中學。

高一那年，我們班上的體育先生姓車，生物先生姓馬，國文先生姓包，合稱為「車馬包」。國文先生最不喜歡我，因為第一次作文，題目是「我的志願」，我要作一個科學工作者，借題也把孔夫子罵了一頓。班上許多同學都以「人若無志，就像無舵之舟一樣在大海裡漂蕩」為起始。國文先生第二次上課時說：「貴班可以組織一個航海俱樂部。」說完叫我起來背《四書》，我很坦白的告訴他我不會。他說：「我早就知道你不會背了。」以後他常叫我起來背書，我都背不出。有一次背〈出師表〉，他先叫了四個同學，都是

背第四段，所以我也臨陣磨鎗，在這時候把第四段背下來。但是當他叫到我，忽然改成第一段，於是我告訴他，我不會背第一段，但是會背第四段。他說這事很奇怪，他教了這麼多年書，從來沒遇到過這種情形。

我在班上不能算是高個子，但我喜歡坐在後面。每個新學期開始排座位，就和有近視眼的高個子換座位，先換到最後一排，再換到最旁邊的那個角上。我這樣換是有原因的：第一，天高皇帝遠，我喜歡聽課就聽課，不喜歡聽就在後面看小說、打盹、和鄰居小聲聊天。第二，我可以靠在牆壁上，隨時改換姿勢。高一上我坐在右後角，高一下換到左後角。國文先生第一天來上

課，第一句話就說：「現在我要看看各位的面孔，隔了一個寒假，可能有許多同學我都忘記了。」說完向全班掃射，他盯住右後角看了很久，像是在找什麼東西。然後又慢慢由右後角掃到左後角——他終於發現了我。他以一種溫和而親切的聲音說：「不過，有些同學我是永遠不會忘記的。」我向他點點頭，他也向我點點頭。

在所有的科目裡，我對本國歷史最感頭痛，因為在我看來，所有人的名字差不多，而且我很容易把中國的年代和西元攪混。但是有一個年代我記得很清楚，晉穆帝永和十年，西元三五五年，桓溫大破秦兵。前者是我的存車牌號碼，後者是我的蒸便當號碼。很可惜，這個年代從來沒考過。

有一次期考，我很怕歷史不及格。所以帶了一張小抄上考場（也有些同學把重要年代抄在手上，我們分別依各同學之姓名而尊稱為「吳抄手」、「李抄手」、「張抄手」）。結果交卷時慌慌張張的把小抄夾在考卷裡一起交上去。回去以後，遍翻口袋不見，我想，這下子可砸鍋了。寒假裡每天到布告欄去等榜，但是記過的名單公布後，我卻名落孫山。不知是歷史先生大請客，還是那張小抄從考卷裡滑了出來，這一點我一直想不通。

我們在二年級有一個重大的發現，植物園的歷史博物館和國立科學館有許多女學生擔任管理員，於是每天中午吃飯，就三五成群的花一塊錢到那兒參觀藝術品科學儀器。我有一次連去了七天，我的同學連去了二十七天，他說他喜歡藝術品。有一個女學生長得很漂亮，我們每次都問她叫什麼名字，她始終不肯講，我們都很生氣。

高二時國文老師上作文課出了一個花招，要我們每人寫一篇小說。大家就以看那個不順眼為主角，編造寫一些醜事。施兄寫得是我的醜事（其實我也沒什麼大不了的事）。另有一個同學以我為主角，寫我英雄救美之事。我雖不膽小，但也不是英雄之類的人物，如何「救美」？「美」又是誰？此事大可商榷。無論如何，我還是很高興。

我們的導師是一個心地善良的人，他不太拘泥於形式，一再強調學生應該隨其個性發展，這一席話曾經贏得如雷掌聲。他的宿舍就在我們教室旁邊，每次他的女朋友一來，他就把窗戶放下，門關緊，我們發現了，立刻跑過去敲門，在外面喊：「老師，請假，要請假！」

我早上常爬不起來，所以也很少去上朝會，每次記半小時曠課。曠課多了，管理員就要找我去談話。她是一位慈祥和善的女士，常喜歡穿深色的旗袍，我以一種很低沉的聲音告訴她，我每天讀書到深夜，家住得很遠，要轉好幾次公共汽車，所以無法趕上朝會，她聽了很同情，所以我也一直能在這所學校念下去。

我們學校的學生有趕教員的毛病，所以在我高中三年中所遇到的教員，都是臺北市第一流的。但是高三來了一位物理先生，大家卻不滿意。他曾被趕兩次，但是到我們那年趕不掉，因為教務主任把我們壓住了。其實他學問很好，只是口才太差，而且以前一直教初中理化，所以經驗不夠。有一位同學喜歡和他辯論，物理先生不是他對手，上課時常搞得很僵。不久物理先生出國，我們級會討論了很久，決定不了要送他什麼東西。有人提議以剩餘班費請他到鹿鳴春鴨子樓吃一頓，全體級會幹事作陪，不敷之數由物理先生墊付；也有人提議勵行戰時生活，送枝偉佛筆意思意思算了。最後還是決定送他一本字典（這件事意思可大了）。臨行那天班長把字典送上，好辯的同學（後來考上臺大醫科）和一位橄欖球員去看他，向他表示歉意，物理先生連聲說：「這裡環境不太好，環境不太好！」看樣子他在我們班上是吃了不少苦頭。

——原載《白門再見》，二〇〇〇年四月九歌出版
現收錄於《最後的一隻紅頭烏鴉》（九歌）

夏烈（1941–），原名夏祖焯，名作家何凡（夏承楹）與林海音的長公子。台北建國中學及台南成功大學工學院畢業，美國密西根州立大學土木工程博士。曾任橋樑工程師、美國中國工程師學會土木工程組組長等職。現任教於成功大學及清華大學，教外國文學及電影課程，為我國有史以來唯一工程博士出任專任文學教授之職。並任建中文教基金會董事及建中校友會理事。〈白門，再見！〉是早年相當轟動的短篇小說；而長篇小說〈夏獵〉則榮獲一九九四年「國家文藝獎」。二〇〇六年三月獲得「美國中國工程師學會」頒發「科技與人文獎」。著有《夏獵》、《最後的一隻紅頭烏鴉》（《白門再見》改版）、《流光逝川》及大學教科書及參考書《近代外國文學思潮》。

酷熱的午後，教室內，氣息微微，鴉雀無聲。
我汗流浹背，卯足了勁兒、聲嘶力竭地拚鬥著，
不時插科打諢，企圖和引誘學生的周公拔河。
有幾位上進有為的青年，勉力地痛苦掙扎著……

蟬鳴熾烈的午後

—廖玉蕙—

蟬鳴熾烈的午後。

酷熱的午後，教室外，群蟬競鳴，熱鬧非凡；教室內，氣息微微，鴉雀無聲。韓愈〈原道〉的威力顯然不敵周公的魅力。我汗流浹背，卯足了勁兒、聲嘶力竭地拚鬥著，不時插科打諢，企圖和引誘學生的周公拔河。有幾位上進有為的青年，仍舊勉力地痛苦掙扎著，眼皮忽焉下垂，隨即又警醒地撐開，連我看了都覺不忍。靠近窗邊的男生索性趴在桌上，看來已經束手就擒了有好一會兒功夫，我估量著應該休息足夠了，便故意走到他的跟前，往桌面上一拍：

「驚堂木一拍！……哎呀！對不起！吵到你了，怎麼樣？」

被這一攪和，男生驚得睡意全消，以為我正問著什麼問題，立即站起身來。囁嚅地說：

「啊！什麼？……請老師再說一次題目。」

陷入輕度昏迷狀態中的同學紛紛醒轉了過來，哈哈大笑。哪有什麼題目！不過，既然送上門來，就讓他好好表現一下好了，我說：

「就請說一說你所認識的韓愈好了，說說看他是一個什麼樣的人？」

「韓愈……是個……好像是個很會帶兵打仗的將領。最後被猜忌他的君主給殺了。」

韓愈？很會帶兵打仗？同學都笑開了！我點名笑得最猖狂的學生問：

「哪裡不對？你說說看。」

「很會帶兵打仗的不是韓愈，是韓信，曾經布局背水陣，跟張耳攻打趙國，打得趙王歇如落花流水的。」

哇！不錯！還念過《史記．淮陰侯列傳》！正當在心裡嘉許著他的素養的當兒，他忽然又得意洋洋地補充了一句：

「可惜，後來被劉備的太太給設計殺掉了！」

這會兒，連深度昏迷中的同學都被笑聲吵醒了！我走到一位剛被驚醒的女生前面，請她起身評論一下。她被笑聲搞得有些錯亂，慌慌地說：

「韓信是被劉備的太太殺掉的嗎？……好像是被蕭何和劉邦的太太呂后合力設計殺掉的吧？劉邦才是跟關羽爭天下的那位吧！電影《霸王別姬》裡不就演的關羽打輸了，和張國榮飾演的虞姬道別的嘛！當初，劉邦和關羽……」

劉邦跟關羽爭天下？我氣極了！這樣胡搞瞎搞成什麼樣兒！有人受不了了，不待我點名，便自告奮勇站起來指正：

「劉邦不是跟關羽爭天下啦！是跟項羽啦！這是秦、漢之際的事，干關羽什麼事！三歲小孩都知道，關羽是三國時代跟劉備、岳飛桃園三結義的那位嘛，你搞錯時代了啦。」

教室裡的氣氛幾乎陷入瘋狂熱烈的境地，韓愈、韓信；劉備、劉邦；關羽、項羽；岳飛、張飛……同學們興致勃勃地相互糾正著、調笑著，岳飛打張飛，打得滿天飛！窗外的蟬鳴也越發熾烈了起來。

——原載《像我這樣的老師》，二〇〇四年九歌出版

作者簡介

廖玉蕙（1950－），台中縣潭子鄉人，東吳大學中國文學博士，現任國立台北教育大學語文與創作學系教授，講授創作、現代文學及古典小說等課程。曾獲中國文藝協會文藝獎章、中山文藝創作獎、中興文藝獎章及吳魯芹文學獎。主要作品多為散文集：《純真遺落》、《大食人間煙火》、《像我這樣的老師》、《沒大沒小》、《不信溫柔喚不回》等二十餘冊；另著有小說、繪本、訪談錄等，還編有《文字編織》、《繁花盛景》、《文學盛筵：談閱讀，教寫作》等共三十餘冊。作品被選入國、高中國文課本及多種選集，現任國語文課本的審議委員、基測閱卷老師，同時也是基測加考作文的關鍵推動者之一，是國語文教育的重要推手。

檢查兒子的作業，忍不住笑出來，成語造句——「如魚得水」，

他寫著：「劉備自從得到了軍師諸葛亮，簡直就是如魚得水！」；

我想老師出十題成語，他照樣能寫十個三國人物在上頭。

不只兒子，幾個月來，三國突然像潮水般淹沒我們一家。

一家子三國

—宇文正—

一家子三國。

檢查兒子的作業，忍不住笑出來，成語造句——「如魚得水」，他寫著：「劉備自從得到了軍師諸葛亮，簡直就是如魚得水！」；「老當益壯」，他則寫著：「三國時代裡的黃忠真是老當益壯，七十五歲了還能帶兵打仗！」我想老師出十題成語，他照樣能寫十個三國人物在上頭。他現在呀，一肚子三國！

不只兒子，幾個月來，三國突然像潮水般淹沒我們一家。先是兒子迷上《三國演義》，讀了好幾個為少年改寫的版本，聽了早期魏龍豪、吳兆南《歪批三國》、相聲瓦舍《蔣先生你幹什麼》等等相聲猶覺得不過癮，我搬出原典給他瞧瞧，他咋舌，太厚也太文言了。他才小四，是早了點，我自己也是到高二才讀原文。四處打聽之下，有朋友推薦侯文詠和蔡康永合說的《歡樂三國志》CD，說不但有趣，也頗能尊重人物，不扭曲歷史。我將信將疑，網上郵購幾集聽聽，呀，全家搶著聽，一口氣把整套購足，開始了我們熱烈的三國夢。小孩每天功課一做完，便打開音響續聽；丈夫把它灌到手機裡開車時聽；我則灌進 **iPod**，坐車時聽。

傳說羅貫中寫《三國演義》時瘋瘋癲癲，一日有乞丐上門，求他施捨，說已經「斷糧」幾日了，羅貫中正寫到〈群英會蔣幹中計〉，周瑜領著蔣幹察看後營，炫耀糧草滿倉，一聽乞丐提到「斷糧」，隨口便說：「營內糧草堆積如山，即可取之！」那乞丐便把他家的米糧全搬光了！

我們一家子讀《三國演義》亦是神魂顛倒。最近丈夫忙報稅，兒子問我，為什麼每年都是爸爸報稅，不是妳呢？我說因為媽咪非常害怕表格，總是「臨表涕泣，不知所云」！兒子的鋼琴老師恰好姓周，他上完鋼琴課對我說老師說他曲子沒彈熟，下禮拜要多彈幾遍，我說：「不好好練琴，『曲有誤，周郎顧』哦！」他笑倒在我懷裡。他從小不愛吃豆類食物，這下好，要他吃下餅裡的豆沙餡，他對我吟誦：「煮豆燃豆萁，豆在釜中泣！」唸完自己爆笑出來。上餐廳吃飯，有侍者推來炒年糕問我們要不要，我們一家強忍住笑意，那侍者莫名走開，我們仨馬上合唱起平劇《天水關》收姜維那段唱詞：「這一班，五虎將俱都喪了，只剩下那趙子龍他『老賣年糕』！」反正什麼事我們都能聯想到三國！

吃飯時，話題也全是三國，丈夫和兒子督促我快寫一篇科幻小說，描述諸葛亮在西元二一〇〇年搭乘時光機回到三國時代，故能熟知天文學、氣象學、心理學、地理學、物理學、數學、機械原理……我朝遠遠那桌一個頭髮染成金黃色、皮膚曬成小麥色的漂亮辣妹瞄了一眼，接道：「對對對！孔明搭時光機過去，怪不得他老婆皮膚黑、頭髮黃，大家都說醜，就他一點也不介意，他說不定覺得美極了呢！」

我聽《歡樂三國志》的進度最慢，丈夫和兒子早都不知聽幾遍了，而我聽著聽著丟開了，是因為喚起了重讀原典的興致，也不想看發黃的舊書，便又新買了三民出的上、下兩冊毛批版本，熱熱鬧鬧從頭讀起。連著兩禮拜每晚熬夜讀，讀到後來，難忍悲抑。

追憶自己十六歲時讀三國，大概就只覺得好看吧，並沒有太大的興亡感慨。年少時，讀紅樓哭，讀三國笑。《紅樓夢》讀幾次就哭幾次，在大學宿舍裡讀得淚如雨下，被室友安撫要「節哀順變」的笑話早就在同學間傳開，怎麼人到了中年卻會轉性？現在有時翻翻紅樓的一些片段，不覺好笑起來，大概也是笑自己從前的純真與對愛情的嚮往吧！

不可思議的是，今日讀三國，卻難過得偷偷在被子裡掉眼淚了。最難過處，自然是諸葛亮壯志未酬身先死，毛宗崗於此處眉批：「千古以下，同此悲憤。」是否不僅因為年歲增長，更因為今日所處的時局混亂，政治黑暗，特別令人感到悲傷呢？

我找來相關的書籍，甚至爬上梯子，搬下我放在書架最上層貼近天花板那套鼎文書局出版的二十五史裡的《三國志》（啊！我幾乎忘了自己年少時熱愛歷史，曾經發願讀完這整套中國歷史啊！），對照那些精采的故事，究竟哪些載於正史？哪些屬於傳說或是羅貫中杜撰？兒子每晚繞在身邊，不停地要我說給他聽。

有一本遠流出的《走訪諸葛亮》，他細細讀了起來，並且歸放在他自己的書架上據為己有，因為那裡面有許多諸葛亮的塑像，好帥呀！諸葛亮本來就帥，電視或漫畫中常把他塑造成瘦小留一撮山羊鬍的怪老頭，京劇裡的孔明則是掛鬍子的老生，真是大錯特錯！孔明年紀比劉、關、張、周瑜都小一大截，他走出隆中那年是建安十二年，西元二〇七年，才二十六歲，劉備已經四十五，周瑜也已經三十二歲。《三國志》裡說諸葛亮：「少有逸群之才，英霸之氣，身長八尺，容貌甚偉，時人異焉。」那時代八尺約一八〇公分，跟張飛一般高。《三國演義》則說他「面如冠玉」；連死後，鍾會拜祭武侯廟，是夜於夢中看見諸葛亮「顯聖」，其出場，「一陣清風過處，只見一人綸巾羽扇，道衣鶴氅，素履皂絲，面如冠玉，唇若塗硃，眉清目朗，身長八尺，飄飄然有神仙之概。」這本書走訪大陸三國古蹟，拍攝諸葛亮的造型照片均偉岸清奇。

有一本寫《三國演義》之外各種民間傳說，比演義更誇張神奇的諸多小故事，我讓孩子自己去讀。而許多評論三國的書，他沒興趣自己讀，卻仍纏著我一本一本告訴他那些作者的觀點。每本我們都談得津津有味，譬如大陸學者傅隆基的《解讀三國演義》一書中有一篇〈最完美的英雄〉，寫的是趙雲，三國勇將中我和兒子都最愛趙雲，我念出傅隆基說趙雲為人「有才有德，有智有勇，既忠厚平和，又精明謹細」，我說也許正因為趙雲平和，所以才能活到「老賣年糕」（老邁年高）吧！一說起這個，我倆便又手舞足蹈。

後來讀到大陸所謂「學術界超男」易中天的《品三國》，卻讀得我氣不打一處來！那書大半本的筆墨在寫曹操，大有為曹操翻案的架勢。《三國演義》明顯是站在劉備這一邊，曹操則是奸臣，至多被認為是「奸雄」，讀毛宗崗批的版本，其痛恨曹操的程度，常使我忍俊不住。

明清人熱愛劉、關、張，孔明更不必說，愛到極致，便把他神化。但民國以來，為曹操翻案的已大有其人，最有名的是魯迅，說曹操有本事，「至少是一個英雄」；又如毛澤東，說寫小說的士人是「封建文化的壟斷者」；連散文家琦君的文章裡，也曾寫到她的朓肝叔曾經作文為曹操翻案，說其實劉備更奸詐。但不至於對曹操歌功頌德至說他「真不愧為大氣磅礴和襟懷坦蕩的大英雄」！

兒子問我：「曹操是英雄嗎？」

「那要看英雄的定義是什麼，你自己認為呢？」

他想了想，「曹操很厲害，但是他在徐州屠殺十幾萬無辜百姓，屍體把河水都堵住了，不是英雄！」

其實我年輕時可能受琦君文章的影響，且熱愛曹操的〈短歌行〉，也接受劉備比較奸詐而無能的說法，認為曹操才是雄才大略。然而中年重讀三國及種種相關資料，卻有完全不同的感受。

《三國演義》有許多虛構的成分，但《三國演義》不是羅貫中一個人的創作，它是自晉歷南北朝，經過隋唐長期流傳演繹於民間的故事，到宋朝開始有話本出現，各種版本的三國戲本、平話流傳至廣，《三國演義》根據這些材料重新編寫。

由於晉朝是從曹魏脫胎而出，且曹操挾天子令諸侯，在晉代完成的《三國志》以魏為三國的正統，然而民間野史卻偏要以蜀漢為正統，這說明了什麼呢？我想對於歷史，民眾的心中自有一把尺，那不是官方能夠約定，教育能夠束縛，更不是學者一槌能夠定音。民間喜歡蜀漢，是一種把品格人性淩駕於權勢能力，不以成敗論英雄的觀點，《三國演義》表達的正是這種屬於民間的歷史觀。

大人喜歡表現獨特觀點，而小孩的看法，常常卻能指出國王的新衣。曹操別的不說，殺了恩人全家，殺了多少為他效力的謀士都不提，他在徐州城屠戮百姓，單是泗水邊就坑殺男女數萬口，與董卓無異，沾滿過鮮血的雙手

世間有比追求「成功」、名位更高貴的東西。

實在很難以他的雄才大略刷洗乾淨。易中天說他「真不愧為大氣磅礴和襟懷坦蕩的大英雄。」我真不曉得是不是殺起人來「大氣磅礴」？說起「寧我負人，毋人負我」之語，「襟懷坦蕩」？

不過，大陸近年標榜秦始皇、曹操之流為英雄，自有他們急於重建民族自信的客觀環境，何況何謂英雄，本來就見仁見智。

使我倒盡胃口的是易中天在評論這些人物時，言語間每每流露那種刻薄庸俗的語調。諸如「在大家都認為袁紹是績優股時，郭嘉卻看出那是垃圾股；而在大家都以為劉備是垃圾股時，諸葛亮卻把他看作績優股。」他從頭到尾以為諸葛亮「待價而沽」，要讓劉備出大價錢把他「買斷」，以為諸葛亮一生的「理想」就是能做個「首席執行官」，說「一個『每自比管仲、樂毅』的人，留在隆中幹什麼呢？建設『社會主義新農村』麼？」言語輕浮，讀來真令人難受。

如果不知理想，不知情懷為何物，實在不必讀文學。出版市場裡各種商

不用現在的**價值觀**任意曲解訕謗，這才是尊重歷史。

戰策略、成功學書籍已經夠多了！

我告訴孩子，我們讀歷史，要盡量讓自己回到那個年代，設身處地用他們的想法來看事情，不能用我們現在的價值觀任意曲解訕謗，這才是尊重歷史。我們現在不太能夠理解「復興漢室」、「忠君」這一類的想法，但在那個時代，卻是他們立身處世重要的價值。

千古以來，別說民間百姓，大部分讀書人都敬重諸葛亮，原因實在很複雜。劉備自從得到他，事業才開始有了根據地，關、張、趙這些英雄才有了用武之地；蜀漢在他的治理下，民生豐饒，路不拾遺，他連經濟、水利都展現政治長才，這是他的才能。他的沉穩、灑脫，氣定神閒，融合儒、道二家士人的風度涵養，這是他的修養。堅持到底、士為知己者死，這是他的精神。整個來說，大家喜歡他的，還是他的人格！

歷史考證可以掌握斷簡殘編，告訴我們何者為真，何者為偽；然而文學掌握的是信念，是一種精神。

文學家誇張情節，渲染歷史，無非要強化一份不可動搖的價值，三國的價值，忠、義、仁、勇、智，諸葛亮集其大成，是中國知識分子最完美的理想典型。他的壯志未酬，一代又一代，是杜甫的惆悵，是蘇東坡的惆悵，是岳飛的惆悵，也是現在我們的惆悵。

十歲的孩子需要偶像，我很慶幸我的小孩的偶像是諸葛亮。諸葛亮精神的可貴，是在他告訴了我們，世間有比追求「成功」、名位更高貴的東西。有些人一輩子不會懂，但是讀三國長大的孩子呀，你一定要懂，才不枉我們狂愛三國一場啊！

——原載《我將如何記憶你》，二〇〇八年二月九歌出版宇文正（1964－），本名鄭瑜雯，東海大學中文系畢業，美國南加大（USC）東亞語言與文化研究所碩士。曾經擔任風尚雜誌主編、中國時報文化版記者、漢光文化編輯部主任、主持電台「民族樂風」節目，現任聯合報副刊主編。著有短篇小說集《貓的年代》、《台北下雪了》、《幽室裡的愛情》、《宇文正短篇小說精選集》、《台北卡農》；散文集《這是誰家的孩子》、《顛倒夢想》、《我將如何記憶你》；長篇小說《在月光下飛翔》；傳記《永遠的童話——琦君傳》；童書《愛的發條》等。曾獲九十五年度中國文藝協會文藝獎章。

行政院新聞局登記證少年報第一號

元氣早報

幽默特刊

今日人物——余光中

生日｜1928 年 9 月 9 日

身手不凡｜詩作優美如歌，被譜成民歌〈迴旋曲〉、〈鄉愁四韻〉、〈民歌手〉。

不讀可惜作品｜

1957 譯作《梵谷傳》

1963 散文集《左手的繆思》

1964 詩集《蓮的聯想》

1965 散文集《消遙遊》

1974 詩集《白玉苦瓜》

1979 散文集《與永恆拔河》

1987 散文集《記憶像鐵軌一樣長》

1998 詩集《天狼星》

2005 散文集《余光中幽默文選》

2009 散文集《日不落家》

焦點報導

你所不知道的三國

【本報記者張非】

常常在電視歷史劇中聽到飾演良相的角色跟皇上說：「親賢臣、遠小人」，這句話到底是誰說的呢？

其實這是三國時期蜀漢丞相諸葛亮兩次北伐曹魏前，上呈給後主劉禪的奏章

性向測驗

想要更瞭解自己嗎？請洽輔導室葉星海老師。

Q：你最喜歡哪一位三國英雄？

a. 曹操

b. 關公

c. 諸葛亮

d. 劉備

· 選 a 的人→個性謹慎，適合閱讀＜賴床＞ P. 221

· 選 b 的人→很有衝勁，適合閱讀＜條碼事件＞ P. 187

· 選 c 的人→計畫力強，適合閱讀＜那些雞毛小事＞ P. 131

· 選 d 的人→懂得節制，適合閱讀＜催魂鈴＞ P. 203

《前出師表》中的一句話。他在表中告誡後主要多聽取別人的意見，為興復漢室而努力。

《出師表》分為《前出師表》和《後出師表》兩篇，《前出師表》作於建興五年（227年），收錄於《三國志》，文章情意真切，感人肺腑，表明諸葛亮北伐的決心。《後出師表》作於建興六年（228年），諸葛亮在文中表示為了國家，決定「鞠躬盡瘁，死而後已」，深刻地表現了諸葛亮對國家的忠心耿耿。但也有學者認為《後出師表》似並非出自諸葛亮之手，內容與正史有所出入，然至今尚無定論。

古人有言：「讀《出師表》不哭者不忠，讀《陳情表》不哭者不孝，讀《祭十二郎文》不哭者不慈。」所以日後你長大參加工作面試，如果老闆拿《出師表》叫你唸，記得要大聲哭出來！

文學新聞

「牽手」最好

【本報記者陳安】

右手寫詩、左手寫散文，創作一甲子的文壇大師余光中，憂慮現代人中文程度低落。例如大家習慣喊自己配偶「老公、老婆」，其實對陌生人講老公老婆並不禮貌。也不該稱自己的太太孩子為「夫人」、「公子」。把太太說是「內人」比較文雅，但是「拙荊」就顯得有些封建、大男人了。

他認為台灣話說「牽手」最好，不但平等，而且承接詩經「執子之手，與子偕老」的深情。而最中性的稱呼，還是「妻子」。

悅讀加油站

以下那一句話為余光中先生所作？

A. 星空非常希臘

B. 等你，在雨中，在造虹的雨中

C. 我的歌是一種不滅的嚮往

D. 散文，是一切作家的身份證。詩，是一切藝術的入場券。

答案：以上皆是

兒子像孔子一樣，周遊列國去了，就剩了女兒承歡膝下。
她絞盡腦汁，偷偷籌備了一場讓外子紅了眼眶的生日party。
除了意外的神秘嘉賓跟生日蛋糕及歡唱的卡拉ＯＫ外，
還有一份特別的禮物……

豬の物語

—廖玉蕙—

豬の物語。

屬豬的外子過六十歲生日，照民間習俗，算是整數的大壽。兒子像孔子一樣，周遊列國去了，就剩了女兒承歡膝下。她絞盡腦汁，偷偷籌備了一場讓外子紅了眼眶的生日party。除了意外的神秘嘉賓跟生日蛋糕及歡唱的卡拉OK外，還有一份特別的禮物，就是一隻跟外子生肖一樣的吹氣小豬。塑膠質料的小豬製作得唯妙唯肖，甚至可以跟真的豬一樣，用繩子拉著前進。看牠走路時躡手躡腳、一副小心翼翼的模樣，就教人忍不住發噱！

生日過後，那隻可愛的小豬就被拴在客廳的書櫥門把上，日日夜夜地站著，兩隻腳輕飄飄的，不時踮起腳尖，做出即將行走的樣子。有時，我坐在沙發上看電視或看書，一不留神，便和牠四目相接，這時，牠便露出無辜的眼神望著我，彷彿乞求我為牠做些甚麼。帶牠出去走走？餵牠吃點兒東西？

跟牠說說話？抑或其他的什麼，我總是這樣猜想著。家裡沒有其他人時，我通常會跟牠說說話，諸如：

「你累了嗎？可以趴下來休息一下啊！不用客氣！沒關係的。」

「想出去逛逛嗎？我可沒功夫帶你出去，等會兒姊姊回來，你求求她吧！」

「你寂寞嗎？沒同伴，滿無聊的，是吧？」

有一次，我簡直不敢相信，自己甚至真的拉起繩索，帶著牠，在屋子裡，前前後後繞了幾圈。然後，又將牠栓回原處，像寵愛孫子的老奶奶似地跟牠說：

「好啦！別再纏著我了！我要幹活兒去囉。」

有時，忙了一陣子，抬眼看牠，發現牠不知什麼時候轉了方向，拿屁股對著我，我就懷疑牠在跟我嘔氣，氣我沒拿牠當一回事。這時，我竟然還會像個失職的母親般心生愧赧。這個小傢伙，把我搞得團團轉，我幾乎忘了牠只是一隻吹氣的小豬。

五天過後，我們回中部去度假，三天後回來。一進門，就聽到女兒心疼地大聲說：

「唉喲！小豬好可憐！都沒吃東西，變得好瘦、好虛弱哦！」

我們齊齊將目光轉到守著書櫥的小豬，發現牠真的瘦了許多，臉孔都小了一號，看起來很沒元氣。

「應該帶牠去吃吃東西囉！餓都餓壞了。」女兒撫著牠，愛憐地說。外子和我同時露出狐疑的表情，女兒解釋小豬可以回原店無限制免費再充氣，充氣過後，又是一條好「豬」！外子殺風景地回說：

「適可而止吧！就讓牠休息吧！把氣擠掉，收起來擱到儲藏間去吧！」

女兒和我不約而同用凌厲的眼神射向那位殘酷的壽星，外子不敢婦人之仁，只好嘟囔著「什麼跟什麼」，然後，悻悻然走開。

那夜，女兒踱到書房，悄聲跟正在電腦上寫作的我說：

「媽！你有沒有發現那隻豬瘦下來的樣子，很像過世前的外婆。」

我停下正在鍵盤上敲打的雙手，側過身，用眼睛實實瞪著女兒，忍不住大發雷霆：

「你怎麼拿外婆跟豬比！你是哪根筋不對了！虧你外婆生前還這麼愛你……」

「不是啦！你不覺得小豬瘦得皺皺的雙頰，跟外婆行將過世前有幾分類似嗎？人家想外婆嘛！」女兒委屈地辯解著。

「不許你這樣說！我媽欸！跟豬比！豈有此理……」

被這一喝斥，女兒嘟著嘴走了。

那夜，我睡得晚。關燈前，我刻意繞到小豬跟前，端詳牠。牠一副衰弱的樣子，雙頰皺皺的，嘴嘛得尖尖的，眼睛顯得大而空洞，真的跟臨終前的母親有幾分神似，我聯想起母親去世前好長一段時間都吃不下飯所受的折磨，忍不住抱著小豬痛哭起來。

不知是忙碌還是受到外子務實言論的影響，餵小豬吃東西的計畫也沒真的付諸行動。又過了兩天，小豬更衰弱了，四隻腳蜷曲著，站都站不穩，不時跌跤似的歪向這邊、那邊，連身體都瘦了一大圈，眼看就要掛掉了。外子忽然良心發現般，正氣凜然地跟女兒說：

「不是說要回原店裡幫小豬吹氣嗎？只會說，也沒看你行動！小豬都快不行了，還要等到什麼時候！」

女兒和我面面相覷，一時間，三個人都突然緊張起來。剛巧，我在城東有一場文學獎的評審會議，趕緊催促女兒更衣：

「走！我先送你和小豬去東區治病，再去評審會場。」

兩個人像護送一位重症患者到醫院一般，心情沉重地把小豬安置在後座，便一路馳驅。星期五的下午，忠孝東路上嚴重塞車，我心急如焚，也不知是為評審可能遲到或是唯恐小豬在車上等不及補給而壽終。我頓時了然那些喜歡養寵物者的心情，跟女兒立誓：

「以後，我們一定不能養寵物，光是一隻無精打采的充氣豬，就讓我們這麼心疼、難過，若是真的寵物，那可不是要發瘋了！」

快接近 Party Shop 時，車子陷入車陣的泥沼，眼看寸步難行，女兒決定下車徒步搶時間。她在路中央，打開後車門，小心翼翼抱出那隻委頓的小豬，閃過一輛又一輛的車子，轉來轉去，飛奔到對街，我看到好幾位計程車司機都被嚇了一大跳。

經過一番廝殺，評審作業終於在夜色四圍之前結

束。一進家門，高興地看見小豬又瀟灑地挺立在書櫥前顧盼自雄。女兒抱起牠，驕傲又寵溺地朝我說：

「你不是讓我順便為你買一把梳子回來嗎？灌完氣以後，小豬神采奕奕的，我乾脆就拉著牠一起去逛街找梳子。在人行道上走著的小豬可是出盡了鋒頭喲！不但行人為之側目，連開車的司機看到，都在車上忍不住微笑起來。……哎哎！我們這隻豬可是超口愛的哪！」

那晚，我在電話裡，跟朋友轉述因為買了這隻豬以後才知道絕不能養寵物的覺悟。朋友居然無厘頭的問道：

「為什麼？是怕寵物咬壞那隻豬嗎？」

唉呀！真是豬頭啊！

次日一早，女兒獨自出門補習去。我在臥房裡，彷彿聽到女兒輕聲地跟小豬說再見：

「小豬豬乖哦！姊姊上學去，你要乖乖的哦！我很快就回來，不用擔心。再見囉！」

我蒙上被子，偷偷笑出聲來。黃昏，女兒從南陽街回來。我在廚房裡忙著，驚訝地聽到外子用著奇怪的音調說：

「你看！你看！姊姊上學回來囉！……你有沒有看到啊？……啊？看到沒？」

我拿著鍋鏟衝出來，看到外子露出難得的慈祥表情對著小豬說話。

千真萬確。

——原載二〇〇七年十二月二日《中國時報．副刊》
現收錄於《純真遺落》，二〇一〇年一月九歌出版

作者簡介

廖玉蕙（1950－），台中縣潭子鄉人，東吳大學中國文學博士，現任國立台北教育大學語文與創作學系教授，講授創作、現代文學及古典小說等課程。曾獲中國文藝協會文藝獎章、中山文藝創作獎、中興文藝獎章及吳魯芹文學獎。主要作品多為散文集《純真遺落》、《大食人間煙火》、《像我這樣的老師》、《沒大沒小》、《不信溫柔喚不回》等二十餘冊；另著有小說、繪本、訪談錄等，還編有《文字編織》、《繁花盛景》、《文學盛筵：談閱讀，教寫作》等共三十餘冊。作品被選入國、高中國文課本及多種選集，現任國語文課本的審議委員、基測閱卷老師，同時也是基測加考作文的關鍵推動者之一，是國語文教育的重要推手。

這張書桌是哪裡來的，我完全不知道，
但知道有這張書桌時，已經都歸二姐管理並使用了；
我們其他五個小孩都沒有別的意見，彷彿那是理所當然。
因為二姐是全家功課最好的學生……

二姐的抽屜

—詹宏志—

二姐的抽屜。

除了父親工作用的大書桌，家裡只有二姐有書桌。

那是一張小巧可愛的白色原木書桌，面對牆壁放在榻榻米上，高度只及膝蓋，是供跪坐使用的。桌面大約只有六十公分乘四十公分，桌面下有橫向並排的兩個小抽屜，桌腳是細細的兩條直線，下方有較寬的墊板，保持它的平衡。木頭是未上漆色也未上桐油的原木，顏色是近乎牙籤的乳白色，撫摸桌面時則好像有一種細沙紙的觸感，十分舒適雅致。

這張書桌是哪裡來的？我完全不知道，但知道有這張書桌時，已經都歸二姐管理並使用了；我們其他五個小孩都沒有別的意見，彷彿那是理所當然。因為二姐是全家功課最好的學生，不，她根本就是我們小鎮上功課最好的小孩，或者全世界我知道的範圍成績最好的學生。她也是任何考試永遠的第一名，是那種如果沒有每一科都滿分就算失敗失常的討厭鬼。

二姐從小就是最有紀律、最用功的學生。那時候台灣升學考試競爭激烈，學校裡還盛行惡補，二姐已經小學五年級了，馬上要考初中，每天放學後都得留在學校裡加課，回到家天都黑了。她一回到家，匆忙吃完晚飯，幫忙洗好碗筷之後，就坐到她的小書桌用起功來；她那麼安靜專注，相形之下，坐在不遠處的我就顯得毛躁不安，我又想做作業，又想把「尪仔標」拿出來玩（尪仔標是一種圓形紙牌，小孩們把它疊起來，指定其中一張為王牌，各用一張紙牌去打它，看誰先把那張王牌從疊牌中分離出來，我每天練習，所以技藝精湛，出門總是贏一堆紙牌回來），又擔心挨媽媽的罵，身子扭來扭去，內心被兩種力量扯來扯去，最後作業也沒寫完，紙牌也沒玩到。

但二姐沒有我這種凡俗的貪玩慾望煎熬，她坐在她的小書桌前，背對著榻榻米上其他的全家人（其他人全部圍坐在一張榻榻米上的矮几，各據一角，讀書或做家事），面對她的書本，半垂著眼瞼，好像入定的觀世音菩薩一樣，嘴裡唸唸有詞，一讀起書就是全神貫注好幾個鐘頭，毅力耐力都驚人。而我在一旁早已經被瞌睡蟲糾纏得頭腦不清，決定放棄作業去睡覺了。我和弟弟七手八腳把蚊帳搭起來，關掉大燈，鑽進被窩，當我們昏沉入睡之際，我回過頭，還可以看見角落小書桌的檯燈亮光和一個端坐的身影，二姐還繼續在用功呢。

二姐嚴肅認真近乎神聖，雖然沒有大我幾歲，我們幾個弟弟都不太敢和她講話。但她那張小書桌特別令人羨慕，她每天從抽屜拿東西出來，或者閱讀或者整理，一遍又一遍，裡面都藏的些什麼寶貝呢？我既好奇又不敢直接問她，一直在想，哪一天也許可以偷偷看看二姐的抽屜。

但偷看二姐的抽屜是令人緊張害怕的。我搜索父親的抽屜並且亂動他寶貝的製圖用具，並不感到害怕，父親好像不會介意我們動他的東西。我偷看大哥櫥櫃中的藏書，大哥是個溫和謙恭的人，很少生氣，被他發現了好像也沒關係。大姐沒有抽屜也沒有櫥櫃，我完全不知道她把東西放在哪裡，也許和衣服一起放在衣櫃裡。媽媽的東西都放在一張小小的梳妝台，我早就全部搜索過一遍，但我只找到一本用包裝紙包起來的日文漢藥書（每當我們生病時，媽媽就翻查那本藥書，再到中藥店抓藥回來煎）、還有一本橫線筆記本（裡面用鉛筆和極小的字體，記錄著家中每一筆開銷，譬如空心菜二毛，水費十二元，藥房注射三元等）。

二哥、弟弟和我，我們三個小的都是連放東西的地方都沒有的。但我們睡在榻榻米上，每個人都占據一條榻榻米縫，我把零錢、紙牌、彈珠，還有一小截用來防身的鋼筋，都藏在榻榻米之間的夾縫裡。有時候彈珠贏得多了，就不得不找一個罐子裝起來，藏在碗櫥底下，和各種醬瓜混在一起。

然而二姐是有抽屜的人，她甚至是個有書桌的人！雖然那只是一張很袖珍迷你的書桌。擁有抽屜與書桌的人，會在裡面藏些什麼寶貝呢？我忍不住好奇地想知道。

搜索二姐的抽屜，機會其實是很多的，她升學考試在即，每天都上課到天黑，而我才二年級，每天只上半天課。我有一整個半天可以翻查她的抽屜，不怕被她撞見。

日子終於來臨，這一天下午，父親出門去了，媽媽正在客廳裡忙著她的三毛錢一件的毛線衣加工，似乎沒有人會注意我的行動，我決定要趁機來好好檢視二姐的抽屜。

躡手躡腳進了榻榻米大房間，來到二姐的白色小書桌前，小書桌不但有細柔木紋的觸感，更有一種木頭的香氣。我輕輕把抽屜打開，抽屜沉甸甸的，顯然內容豐富，但抽屜木工細膩，輕輕滑動就可打開，而且不出聲響。

先打開的是左邊抽屜，最先映入眼簾的，是一本乾乾淨淨、純白無瑕的《國語日報字典》（父親的書桌上還有另一本全家公用的大型辭典，早已經被翻得破爛不堪），字典底下則整整齊齊一疊疊放著舊課本和筆記本；旁邊則放著好幾枝削得近乎完美的鉛筆和橡皮擦，也排得整整齊齊，底下還有一把塑膠尺和一把圓規。前面空位整齊地排了四根黑色髮夾，和四根當時還很稀奇的迴紋針；一旁，有點突兀的，放了好幾顆不同種類的鈕扣。筆記本裡有的夾了剪報，大部分是一些報紙副刊的散文作品。舊課本裡則有幾頁夾著乾燥樹葉，有槭有楓，不知道是哪裡撿回來的。

再打開右邊抽屜，我心裡暗叫：「找到寶藏了。」因為那是一疊課外書，大部分是一本名叫《小學生》的過期雜誌，一共有六本之多，但也有一本單本的《德國童話故事》，和一本省教育廳編的《全國中學生徵文比賽得獎作品集》，另外還有兩本書法的字帖。在那樣匱乏窮苦的年代，這個抽屜算是豐富的藏書了。

我興味盎然地先拿《德國童話故事》來讀，第一篇就講到一個阿兵哥找到寶藏的故事，每一個寶庫之前都站了一隻大狗看守，狗愈大的庫房寶藏愈珍貴，我簡直被這個故事迷住

了，無法釋手。我坐在桌前，一頁一頁地翻著，一個故事又一個故事地看著，時間一點一滴走過去，我聽見其他家人回來的聲音，但我仍然放不下書本來。終於，天快要黑了，我的書也看得差不多超過二分之一，我決定今天的冒險就到此為止，匆匆忙忙把書本收好，恢復原狀，把抽屜關起來，假裝沒事人一樣，跑到餐廳去了。

晚上二姐照樣天黑才回家，先吃晚飯，又洗碗收拾，我一直偷偷打量著她，看看有沒有什麼異狀。時間好像慢動作般緩緩移動，最後，二姐照往常坐下來在書桌前，打開她的抽屜，準備要讀書了。突然間，她好像觸電一樣呆坐在那裡，我的頭皮發麻起來，不敢抬頭，假裝認真做著功課。二姐慢慢回過身，站起來，走到我們三個小的做功課的矮几，她杏眼圓睜，氣鼓鼓地說：「你們哪個人動了我的抽屜？」老實的二哥一臉茫然，弟弟也莫名所以，我心裡蹦蹦急跳，根本不敢正眼看她，「你們誰動了我的抽屜？」她連問了兩聲，也沒有要得到答案的意思，兩腳在地上狠狠一蹬，轉身啪啪啪又回去了。

第二天，我回到小書桌前，把抽屜打開，仔細端詳抽屜裡擺設的狀態，想找出被發現的原因。我記得我明明把所有的東西放回原來的位置，怎麼會被發現呢？我猜想可能是排得不夠整齊吧？二姐的東西太整齊了，每一條線都是筆直的，也許我應該記得這一點。這一次，我比較不貪心地讀了《德國童話故事》剩下的二分之一，就開始花力氣把書擺得和原來一模一樣……。

晚上，二姐打開抽屜，停了一下，轉頭看著我們，慢慢地說：「你們有人又動了我的抽屜。」這次口氣沒那麼凶了，但還是有點不高興的樣子。我則是感到困惑，她究竟是怎麼看出抽屜有人動過的呢？

——原載《綠光往事》，二〇〇八年八月馬可孛羅出版詹宏志（1956－），台灣大學經濟系畢業，現職PChome Online網路家庭董事長。曾任職於《聯合報》、《中國時報》、遠流出版公司、滾石唱片、中華電視台、《商業週刊》等媒體，並曾策畫和監製包括《悲情城市》、《牯嶺街少年殺人事件》等九部電影。一九九六年，首創城邦出版集團，為台灣出版產業帶來嶄新的經營概念。他的著作《趨勢索隱》、《城市觀察》、《創意人》、《城市人》等，一直是從事創意產業工作者必讀的作品。首部散文集作品《人生一瞬》，感性書寫自己的孩提往事、青澀年華，以及旅行中愛玩、愛吃的本事，又接續推出《綠光往事》，爬梳家族往事。

她老人家大字不識半個，有好處也有壞處，
好處自然是東坡所云：「人生識字憂患始」，
可見她的人生絕無大憂大患，
事實證明果也是如此。

我那目不識丁的阿母

—張輝誠—

我那目不識丁的阿母。

我阿母目不識丁，她老人家大字不識半個，有好處也有壞處，好處自然是蘇東坡所云：「人生識字憂患始」，可見她的人生絕無大憂大患，事實證明果也是如此。壞處當然也有一些，不過都是些微不足道的事兒，有時將就將就一下子也就過去了。

我阿母還住在鄉下時，不識字好像也不是什麼大問題，因為老一輩的遠親近鄰、左鄰右舍絕大部分也都不識字，當大家都不識字，你一個人不識字也就成了正常不過的事情，反倒是真識字的人卻成了稀罕人物，得幫大家寫家書、看來信、解籤詩等等。我阿母不識字，甚至連阿拉伯數字也數算不清，每回我問她一到十怎麼排，她就很認真數著指頭算將起來，說：「一、二、三、四、五，」然後停頓了一會兒，想了想，豁然開朗似的拍起手掌，開心地說：「八、十！哈哈哈。」這是她自己的七進位法，幾近不可推翻的典範定律，無論我如何教她十遍百遍，多年來始終不動如山，古人說「江山易改，本性難移」，約莫就是這個道理。據我阿母自己說她小時曾上過小學兩年，不過真對讀書是一點兒興趣都沒有喲。但據我阿公說，我阿母居然當著全班同學罵老師。我對照我阿母後來的性情，這並非不可能的事。（只是沒想到天道好還，我阿母的兒子我後來成了老師，後來也的確被嗆過幾回，且每回被嗆氣到不行時，平時口才便給的我登時變得支支吾吾，一句話也說不出來，可見天道罰人之周密。）

我阿母不識阿拉伯數字，在鄉下原不是什麼難題，她到農田幫拔花生割稻米掙的薄酬全上繳給我阿公，口袋空空也就不太需要數算數字。但後來，我把她接來台北同住，不識阿拉伯數字就有了不少小麻煩。好比說我租的公寓是在五樓，整棟大樓有十二層，我為了教會她按前往五樓可謂費盡心思。公寓電梯裡的按鍵分左右兩排，各有六個按鈕，要是五樓也和一樓是在左排最下方這麼明顯處也就罷了，偏偏五樓上頭還有一個六樓鈕，我阿母記性當然不好，無論我教她幾回，她總也記不清。起先我去上班，她就一層一層全部按滿，然後逐層找到五樓。後來不知怎麼找到一個貼紙，貼在五樓鈕，被我發現，趕緊撕去，同她說：「賊仔會想說是有人作記號，這樓可以跑入厝偷拿物件，這樣太危險。」不料我阿母窮則變，變則通，有一回我又同她一起搭電梯，只見她吐幾口唾沫在右手指尖上，對著五樓鈕的周圍猛畫圈，她邊畫還邊得意對我說：「這樣賊仔就看不出來，只有我看得出來！」我搖搖頭，說：「你這個抬哥鬼！」

電梯問題將就過去了，第二個難題緊接出現。在鄉下，我們蔥仔寮是自給自足，就算有缺什麼東西，也是人家開發財車來兜售，後來搬到褒忠，那又更加自給自足了，根本不需要到外地去採辦物事，當然就沒有搭客運車的習慣。但到台北就不行了，我住的地方是萬芳社區後再高一些的山上，有些兒遺世獨立的況味，不靠公車幾乎難以上下山。我阿母看不懂阿拉伯數字，也就分不清公車有何區別，當然更不知道車要開往何處。起先我阿母之所以要搭公車，也只為了上木柵市場買菜，杵在公車站等，並不等車，而是等人，等有人出現了，便拜託人幫忙看哪一輛公車可以上市場，然後再上車買菜去也。當然有時會等不到人，她只好硬著頭皮亂試一通，坐錯地方了，就趕緊下車再搭計程車回家，盼著我下班回家，她就拉著我抱怨：「氣死人，氣死人，車這呢難等！還坐不對車！」後來，她意外發現，坐錯車也沒關係，只要車子不是回到萬芳社區總站收班，不論公車怎麼繞，繞多遠多久，終究還會轉回我們家萬美社區，這下子她便好整以暇，坐錯就坐錯唄，也不急著下車，反正繞一大圈終究還會回到原地，想不到她用這種方法也賞玩了台北不少地方。

搭公車將就過去了，上市場又有了新問題。我阿母絕不和人討價還價，人家勸她多買，她就一股腦兒買將回來，也不管我得吃整整一兩個禮拜的雞肉或豬腳。這還不打緊，我阿母不懂阿拉伯數字，自然是不曉算數的，商家說多少，她便把錢掏出來，說：「一張有夠嗎？二張有夠嗎？」要是沒零鈔，她還會取出一張「青仔面」（我阿母對一千元的稱法）給人「打破」（我阿母說的找開）。好在木柵市場店家大多忠厚誠信，童叟無欺，只會多加勸買，還不曾矇混欺瞞。我阿母的錢起先只是買菜之用，沒錢就同我拿，後來認識一位鄰居在家比丘尼，時常攜她到處遊玩，有時一個禮拜拿了三、四回三千元，我覺得太過誇張，簡直要入不敷出了，於是規定每天只能給五百，古人云：「由奢入儉難。」果是如此，無論如何跟我阿母解釋一天玩五百，一個月就要一萬五，我阿母還是執著地說：「五百塊太少！五百塊太少！」後來我同她談判，說：「這樣好囉，我兩天乎你一千！」沒想到我阿母樂不可支，直點頭說好，還跟我打勾勾說：「你不通反悔！」（我希望讀者不要太快就聯想到一句成語，這成語不能證明我阿母什麼，只能說猴子算數也不挺好就是了。）

我阿母不識字，自然看不懂現代科技家電產品上的標語。以前在鄉下，洗衣服，得用雙手；想看電視，沒有，就算後來有了，扭了便能看，看來看去也就只有三台；電鍋，壓下去就能煮；電風扇，轉了就開；冷氣機，當然沒有；手機，從沒聽過。我阿母上了台北，得重新學習現代生活。我特地買來大、中、小三款各色圓貼紙，在電子鍋、電風扇、冷氣機的啟動鍵上一一貼妥綠色貼紙，並在關閉鍵貼上紅色貼紙，好讓我阿母避開其他功能繁瑣複雜的按鍵。想不到此舉奏效，我阿母也有模有樣地煮起飯、洗起衣、吹起冷氣來。倒是看電視還有些困擾，我阿母不懂國語，除了少數幾個台語電視頻道，其他頻道對她而言簡直都像外國語頻道，我總是把頻道固定在二十九讓她看台語節目，有時該台播報國語新聞，她只好轉到別台，結果就迷了路，千轉萬轉之後，尋不得歸路，索性把電視關了。等我回家後才說：「這電視是迷宮呢，轉不出頭！」

電視看不成，不看也就將就過去了，只是我阿母看鄰居阿媽們人手一支手機，很生羨慕，遂開口央我也買一支。我說你不會打，浪費錢。她說，你教我打，我就會了。我說不可能。我執意不肯，我阿母便展現她絮絮叨叨的功夫，念得我猶如孫悟空聽了緊箍咒似的頭痛欲裂，遂也莫名其妙地買了手機給她，也莫名其妙地真以為可以教得懂她打。但經過無數次的努力終告失敗之後，我忽然才想起，可以用最簡單的方法，先按好我的電話號碼撥出，然後她只要按一下撥出鍵，就會重複出現我的號碼，再按一下撥出鍵就可以打給我了。如此簡易方法，我阿母果然學會，樂不可支，彷彿對她的人生境界又更上進了一層。於是她便時不時打電話給我，有一回還跟我說：「你阿誠喔？」「嗯怎？」我阿母在電話一頭嘆息道：「打不對！打不對！我要打乎你哥啦！」原來我阿母以為打電話是用想的就可以打通了（我猜這在未來一定是通訊方式主流）。

打完電話，我阿母會發現我家到處都是書，有時我讀寫文章，弄得書桌上、客廳四周都是散放的冊籍，偏偏我阿母特愛乾淨，幾幾乎到了潔癖的程度。她看我到處放書很不順眼，每每就好心幫我把書收拾好，放在她認為有空餘之處，但她不識得字，記性又不好，常常把我經學的書收進了現代文學，把史學的書藏進了諸子學當中，放完之後又忘了放在哪裡，我便得常東翻西找遍尋不著。後來得到的教訓就是，書還是物歸原位不要亂放的好，免得阿母出手相助。每當我在尋覓書籍或埋首苦讀時，我阿母會好心地對我說：「電視這好看，看冊那無聊，不來看電視要做什麼？」這話別人不懂沒關係，但是我懂，這是她疼愛我的方式。

我阿母是真的目不識丁，但那又有什麼關係呢？那全都無妨於她從傳統鄉下婦女脫胎換骨成為一名現代獨立新女性，也無妨於她嘗試新事物的勇氣與決心，更無妨於她作為一位母親關愛小孩的心意，當然也就無妨於她於喪偶之後仍能是自得其樂、獨立自主的好媽媽。

——原載《我的心肝阿母》，二〇一〇年五月印刻出版張輝誠（1973－），原籍江西黎川，在雲林縣鄉間長大，虎尾高中畢業後，資賦優異保送台灣師大國文學系，後又就讀國研所，目前為博士班研究生，同時任教於台北市中山女高。作品曾獲時報文學獎、梁實秋文學獎、全國學生文學獎等，著有散文集《離別賦》、《相忘於江湖》。在最新散文作品《我的心肝阿母》中，書寫與母親林葉之間的親密互動，如老萊子般的娛親行為，獲得廣大迴響，同時得到文壇名家余光中、簡媜一致肯定，撰序推薦：「出之於人性的寬容與同情，益之以生動而幽默的筆調，洋溢著孺慕的光輝與赤忱，在人倫價值快速流失的當代，令我們讀來倍感驚喜。」「輝誠學老萊子娛親，嘻然笑鬧描繪心肝阿母。阿母人人有，但『心肝』該怎麼寫？輝誠做了最佳示範。」

弟弟掃描了老照片，其中一張的說明是：
靜娟小學畢業照。我電話問他，哪一個是我？
他駭笑，「最後一排穿大花洋裝那個啊！」
但記憶中，我沒穿過那麼花的衣服……

是我？不是我？

—劉靜娟—

是我？不是我？。

父親留下的老相簿裡有一張很經典的照片。背景是層層山巒、波光粼粼的日月潭，前景一艘樹幹挖空的獨木舟中，父親偏左坐在橫置的木槳上，母親站在船中央也是照片中央，懷裡抱著過周歲不久的大姊。左下角有父親工整的筆跡 1934 舊 1.2。

照片構圖簡潔好看，弟弟去年應邀去比利時魯汶大學擔任客座主講「以跨文化思惟閱讀華語電影」，便拿它局部放大做了一張 60 × 84 公分的海報。經過電腦處理再配上中法文講題，它很有電影感。日治時代的台灣，對於歐洲人應該具有異國風情的吸引力。

手足們看著這張照片，說父母，憶童年，很多往事都到眼前。我們一直佩服父親有遠見，小自照片大至祠堂牌匾的年代都寫公元；簡單明瞭，教後人省了推算的麻煩。

農曆正月初二去遊日月潭，好像也違反當時的傳統。

弟弟興致盎然，接著又掃描了三張老照片，電傳給大家——包括沒有躬逢那年代的後生晚輩。

其中一張的說明是：靜娟小學畢業照。

我電話問他，哪一個是我？

他駭笑，「你怎會看不出來！最後一排穿大花洋裝那個啊！你的衣服一定是媽媽用和服改的。而且你的眼睛比別人深，一看便知啊。」

沒錯，小時候母親不悅時會形容我「那個深目窩的」；她有一雙巧手，在物質匱乏的年代，修修改改的也能讓兒女們穿得體面。有一次問母親怎會有女子和服給我們做衣服？她說是日本鄰居拿來換食物的——母親在後院養的雞、種的果蔬，鄰人更愛。

但記憶中，我沒穿過那麼花的衣服，小時候我應該不敢（願）那麼花稍、那麼與眾不同——其他人素雅多了。

再說身高，我都坐最後一排，好像只比最高的班長葉春滿矮個兩三公分。可站在「我」旁邊的女生足足高我半個頭。

坐前排的賴瑞星先生是我的級任老師沒錯，中間的校長很面熟；另一位男老師就沒印象了。

六年級時幾個同學常在晚間去賴老師家補習——談自修比較合乎事實，因為老師常和新婚的妻子去看電影。

但我還是不認為那個花衣女孩是我。

弟弟特地把花衣女和旁邊四個同學格放，教我看個真切。「當然是你。不信，你教洋之看看。」

洋之是我妹妹，住附近。

剛好那天晚上我們去她家吃飯。看到電腦裡的照片，她爆笑，

說那大花女孩就是我沒錯！爆笑，是因為小時候的「我」一副呆矬相。面無表情，西瓜皮髮型，兩邊還往前梳，臉更小更沒看頭。

是有幾分像，但我的嘴巴哪有那麼大？妹妹揶揄我不肯相認，是嫌「她」不好看。

外甥沒有經歷過那歲月，笑怎麼一班女孩都那麼呆相；拍畢業照怎麼沒穿制服，有素、有格子、有條紋，加上「我」獨樹一幟的大花。還奇怪竟一個胖子也無。

數十年前的鄉下學校，哪有制服？我們經常赤腳在大地上奔跑玩耍，身手矯捷，長胖的機率當然少。

難得拍照，大家都很嚴肅，攝影師忙著在攝影箱的黑幕後「窺視」、再露出臉來指點排列，大概也無暇教大家微笑；所以個個不僅呆板，有的還像賭氣著。一兩個略有笑意、姿勢也沒那麼僵的，外甥就說她們「比較有型」。

妹妹看我仍在疑惑，便教姊夫過來書房，她說，「你看最後那一排哪個是靜娟？」

他沒有一秒鐘的遲疑，大笑著說那個穿花衣服的啊。

剛看照片時，我說最後一排左四那個人有些像二姊，她看來倒是甜美；弟弟和妹妹卻說不像。我也不敢肯定，不記得二姊和我有共同的級任老師。

我目前最缺的是對自己記性的信心。而且老是認錯人，甚至不記得人，識人的能力不佳；氣壯不起來。

把全班學生看了又看，看不出有哪個是我認識的。大街上天利麵店的張玉雲、後來她結婚時我當女儐相的陳玉春、媽媽在市場賣南北貨的陳桂子、經常笑瞇著眼的江美慧，都在哪裡？還有眼科醫生的女兒周淑貞、從城市轉來穿著最時髦的黃彬彬、算術比我好的張岱玉，還有頑皮的游美峰和王美也……，一時之間五十多年前的玩伴忽然都跳入腦海。部分近鄰同學，妹妹應也有印象。

這個倒有些像邱雪卿，畢業前她得了「豬頭皮（腮腺炎）」，兩腮鼓起來；這個也許是住圖書館後面日本宿舍的蔡淑玲。但實在不敢確定，隔了這麼長的歲月，又是一群沒有表情、髮型相似的女孩，認不出來不意外。

不過，一直處在心虛狀態的我忽然發現另一個疑點——除了班上沒有人高出我半個頭外，一名戴帽子的分明不是我的同學。

妹妹對她也有印象，她長年戴帽子，因為生病，頭髮掉光了。小地方，這樣的人物誰都會注意。

二姊已走了二十多年，無法求證那人是不是她的同學。二姊從小有一雙笑盈盈的眼睛，少女時期的相貌也屬福氣「厚實」，誰知後來的發展卻不是那麼平順；現在甚至無法參與手足間笑鬧的討論。

那就問大姊。電話裡她說那個掉髮的女孩長大後，還常見到；她來約她的婆婆一起去天主堂望彌撒；她在什麼地方工作……。為免她偏離時代背景，急忙問那女孩小學是不是和二姊同班？她不知道。

尚未離開餐桌的妹夫也是員林人，為了積極蒐集「反證」，我呼叫他過來看。他聽說是個光頭戴帽子的，根本懶得過來，揚聲說，「不用看，她是我姊姊的同學。」

他姊姊正是我二姊的年紀。

可見我第一眼沒看錯，這是二姊的小學畢業照！

我於是發表司法高論：

為什麼會有誤判？因為被害人一口咬定；加上證人指認時，從「好像是」，變成「應該是」，到最後越看越像，「不會錯，就是他！」如果嫌犯心虛惶恐，就更坐實別人的指控了。

連沒有見過小時候的我的丈夫，也在妹妹的「誘導」下，輕易地在「最後那一排」找到了最像我的人。

還有，要洗刷冤屈，冷靜思考、蒐集證據是一定要的。

這椿烏龍事件的正面價值是：一，我把兒時的朋友回想了一番，啊，真是天真爛漫的好時光！二，提醒自己要有自信，特別是對自己的記憶，才不

要洗刷冤屈，冷靜思考、蒐集證據是一定要的。

會在眾口鑠金之下，胡裡胡塗認了罪。

——原載二〇一〇年五月五日《自由時報・副刊》

作者簡介

劉靜娟（1940－），彰化縣員林人，曾任《新生報》副刊主編。文星出版的《載走的和載不走的》，是她少女時期的作品，從此創作不斷。主要作品為散文，少數為短篇小說及童話。散文集有《笑聲如歌》、《眼眸深處》、《歲月就像一個球》、《咱們公開來偷聽》、《采集陽光和閒情》、《被一隻狗撿到》、《布衣生活》等。曾獲國家文藝獎及中興文藝獎章。

我母親是個女唐吉訶德，
我父親偏偏是個悶葫蘆，
兩人恰好站在天平兩端。

哈姆雷特父親與唐吉訶德母親

—莊裕安—

哈姆雷特父親與唐吉訶德母親。

諾貝爾獎小說家葛蒂瑪的《我兒子的故事》，有一個時常讓我玩味的開頭。從前我不曾與我的父親複製過那樣的場景，而我也不能夸言將來，我和我的兒子。

高中生威爾藉口要去同學家一起溫習功課，卻溜到約翰尼斯堡白人郊區一家豪華電影院，偷看貝托魯齊的新片。這時南非白人區電影院開放給黑人觀賞，只不過是最近一年前的事。威爾竟然撞見父親桑尼挽著白人情婦漢娜，公然出現在散場的群眾裡。桑尼不只沒有閃躲的意思，還主動與蓄意避開的兒子打招呼，說這部片子值得一顧。威爾那時真像一匹「帶了眼罩的馬」，一心只想快快回家，埋進書堆求個心安。這是他當小學老師的那個父親嗎？是那個經常出入法庭與監獄的人權鬥士嗎？他在電影院前的口吻，為何能像往昔一樣「慎重、溫和、勸誡」？

正在讀這本小說時，我父親也幹了一件不光彩的事，是我母親首先聽到風聲的。她很平淡地告訴我這個傳聞，僅只簡潔扼要叮嚀，多給你爸一點零用錢。我實在聽不出，那語調是嘲諷多一些，還是正經多一些？鄰居來向母親搔耳根子，說父親去了老人茶室，那是父親還能夠騎腳踏車的最後一個夏天。這事如果早發生二十年，我看鐵定是樁悲劇，但這時父親已老到懶得每個禮拜還用染髮劑了，反而不知是喜劇或鬧劇。我母親大概跟我有同樣想法，除了嗑花生瓜子，他還能幹啥？但願他有闊綽的荷包，除了茶資還可打賞小費，顧一顧我們的面子。喜劇沒有持續太久，甚至想來是一場迴光返照，父親開始需要使用紙尿布。

父親向來不煙不酒不檳榔，連襪子內衣都由母親打理，零用極少。他年輕時嗜賭，日後可以戒到，除夕春節的呼么喝六都不為所動，大概看不起小家子氣場面。余生也晚，我父親已從周潤發的豪氣，收斂成李天祿的蕭瑟。

我們總是在逢年過節，或是他要隨廟進香遊覽時，奉上豐厚的一筆，不必他主動開口。父親老鈍後，有一日母親從舊櫥子隱祕角落，搜出二十幾萬紙幣，五十、一百、五百、一千各種面值都有，交給我拿去還銀行新屋貸款。那些鈔票令我想起一本很舊的章回小說，有一回翻倒整杯茶在書上，隨便拿到陽臺曬乾，等到下次想看時，整本書硬得像沒解凍的牛排。父親那些紙幣，不知在櫃子裡窩藏了幾個梅雨與旱季，反反覆覆受潮又脫水。收銀員不敢放到點鈔機，生怕打散它們的肋骨，頓時灰飛煙滅，先生，你是哪裡挖來的木乃伊？父親目不識丁，從不與郵局銀行往來，這筆陳年積帳，真是他留給我最神祕的一筆有形感情。

我母親是個女唐吉訶德，電視臺風靡「阿信」那一陣子，臺灣仿冒劇沒有請她去當顧問，真是「金鐘獎」的一大損失。七十幾年前要是她能上學，哪怕是初中畢業就好，以她的懸河口才，少說現在也能混個鄉民代表乃至縣議員。我父親偏偏是個悶葫蘆，活脫像個只想不說的哈姆雷特，兩人恰好站在天平兩端。比如說中秋節，父親拎著柚子與月餅回家後，他這部分情節，就隨著他晚飯後進入浴室而中斷。外人恐怕以為父親在賭氣，但我們已習以為常，他沒有鬧情緒。有時候他也悶悶跟大家坐在一起，像月亮一樣不發一語，有時他也笑，像讀秒的廣告一樣短。父親也有激躁的時候，麻煩的是會口吃，當哈姆雷特說不過唐吉訶德時，他就狠狠放出一句「三字經」，像一種自斷尾巴落荒而逃的美洲蜥蜴。

幸好父親與外人爭辯不時興這一套，在鄰居眼裡是個忠厚老實又沉默賣力的男人。父親攝護腺肥大接受手術時，我們以為有些溫馨的場景，沒想到成天和看護他的母親鬥嘴，兒女只忙著扮和事老。賭氣是相愛的一種方式，我只能含糊地如此解釋。直到有一天，他坐得像一盞檯燈那麼久，那麼安靜，他已

經完全分不清「to be」與「not to be」。我父親失憶開始，是他作「口述歷史」的最佳時期，他遺忘三兩天內的事，卻不斷惦記二三十年前，甚至更古早的天寶遺事。他從來沒有這麼多話過，偶爾也口吃，但不帶三字經，平心靜氣。我母親正好掌握「歷史解釋權」威柄，以「代言人」的圓融與體面，替父親那些支離破碎的隻字片語，善盡完滿的補充與拼貼。我父親一生，唯一可以跨過他矜持與羞赧的時刻，能夠無遮無修百無禁忌說點什麼，每個話柄又都被女唐吉訶德啣走。

父親進入迷茫忘我之境後，很多人來看他。依照訪客的親疏關係，與母親當下的心情，在憶舊的人生舞臺上，父親一下子是浪人，等會兒又是聖徒。父親像是折成兩半的一個人，扮演兩種極端的角色。母親沒有撒謊，只是誇張，父親的確曾經拋家棄子放浪形骸，誰知道後來會變成那般守家顧業安分勤懇。母親似乎隱隱要將這樣的因果，歸諸於她的信仰與齋戒。她輪流詠唱著倫理喜歌劇與宗教清唱劇，一代花腔女高音找到名正言順的臺柱腳燈，展開她怨婦與祭司雙挑大樑的長程走埠公演。「雙面亞當」淪為半邊側臉人，頓時失去抗辯的能力。

母親像個長期受統治，一夜翻身的在野黨，開始對父親恩威並施。有一回祭祖拜拜，父親那時尚算行有餘力，還能偷偷去供桌上拿了一截香腸，被母親狠狠打了一記手心，還罵他不受教。我們哪裡敢組織地下義勇軍，只能買一些黑珍珠蓮霧、應時肥枇杷或珍奇的紅毛丹、山竹果，安撫父親的饞嘴。母親準備的素什錦，依養生保健，當然是站在義無反顧的一邊，這年頭只要沾上「政治正確」，我們只能百口莫辯，眼睜睜看父親獨沽一味。像他那樣餐餐無肉不食的人，臨終竟要如此「阿彌陀佛」，到底該算苦業或正果？要不是我父親四十年來堅持反對忌口，說不定我們會是全素之家，真是回首不堪。

我沒有撞上父親臨老入花叢的尷尬，父親也非正義凜然的人權鬥士，葛蒂瑪的情節離我甚遠。我比較相信，父親會是威利．羅門那樣的角色，亞瑟．米勒筆下那個不得志的推銷員。《推銷員之死》裡的父親，給兒子留下的最大信念，就是幹推銷員的不能沒有滿腦子的夢想，因為他別無寄託，等到夢想破滅，他的生命就完了。

到底這是一句雋語或咒語？管它的，只要父親好歹也跟我們說過這麼文謅謅的一句話。父親似乎也當過推銷員，是當街吆喝的那種，不像穿西裝拿手提箱的威利．羅門。父親斗字不認，潦倒的時候還在臺北橋下的苦役市場，踩著人力三輪車。他的際遇比「駱駝祥子」好一些，對人生必有跟威利．羅門一樣深刻的感懷。

我猜想，父親如果意識清楚，來得及趕上時髦的地下電臺叩應電話，他也許會背著我們滔滔漫漫，跟電臺主持人抬槓聊天。父親當然是左傾的，他的大半輩子都自覺是被剝削者，他甚至是那種抓住話筒，一口氣要說上半個鐘頭的狂熱分子。可是暗地裡打完電話後，又懶得和顏悅色，跟妻子兒女說上三五分鐘。父親也不是單獨個案，我的舅舅跟姨丈，不也這副德行。他們肯定不是生下來就是只有頤指氣使的暴躁面，總有過幼嬰與童騃，感傷而溫柔的青春期吧！但那一部分是我們子女無緣參與的，我們出生後，父親就是一個容易疲憊的人，大聲喝湯，亂丟臭襪子，你要不就戰戰兢兢，要不就視若無人，盡量不要去惹毛他。

後來日子過得不那麼辛苦緊繃，但那種親子關係再也難以扭轉，變成一種疏離淡漠。你跟他有種像風箏與手臂一樣的關係，你知道他在牽住你，你的吃穿全要靠他，但他收不住線，只能看你在天上飛。你將來會有個兒子，就照這個模式「報答」你。威利．羅門好歹還跟他兒子打過橄欖球，但我們的父親似乎從來不。父親對我成長期養過的蠶、蒐集過的月餅標籤、種過的番茄、畫過的第一張塗鴉，難道真像他表現出來的那般不感興趣嗎？他不曾參與我的這些童玩，後來，他更不可能進入我的文學啟蒙世界。他完全管不住，我可不可以看《羅麗泰》或《查泰萊夫人的情人》，這一點我稱得上是無君無父的草莽梟雄，我兒子將來絕沒這種福分。反倒是我，往後在書上，發現有些人跟他像同一個胚子印出來的怪胎兄弟。

葛蒂瑪的小說，透過一個革命家的兒子，看待他那不是表面那麼光彩而勇敢的父親。小說最後以哈姆雷特的一句臺詞收束，「我心裡有非外表所能顯露的」，這句話多麼適合送給我的父親，乃至全天下沉默寡言型的父親。繞了一大番路，其實我對父親的情愫，一向那樣畏縮怯意，不正「遺傳」著他的哈姆雷特氣質，永遠只停在臆想，缺乏實際行動力量。幸好我又中和到另一個「女唐吉訶德」的基因，所以能夠一五一十加油添醋，描述一個無產到中產之家的點滴縮影。幸好我太太是個沉默是金的務實女人，要不然我們的小孩可能是個騎著插翅天馬的小唐吉訶德。

我現在感興趣的是，難道當年母親嫁給父親，就是哈姆雷特金童配上唐吉訶德玉女？或是一甲子的長久相處，磨練出這麼奇特的互動模式？這好像「基因說」與「環境說」的兩派理論。但現在哈姆雷特完完全全繳械，當唐吉訶德十足握有歷史解釋權，你委實不能只採信夢幻女騎士的一家之言。

——原載於《愛電影不愛普拿疼》，一九九九年九月大呂出版
現收錄於《中華現代文學大系（貳）．散文卷》，九歌出版

作者簡介

莊裕安（1959–），生於臺北蘆洲，畢業於中國醫藥學院醫學系，現為內科執業醫師。作品涵蓋散文、書評及樂評，已出版散文集十七種，橫跨文學、音樂、電影多重領域，一九九四年獲吳魯芹散文獎。著有《跟春天接吻的一些方法》、《我和我倒立的村子》、《愛電影不愛普拿疼》、《喬伊斯偷走我的除夕》、《音樂狂歡節》、《一隻叫浮士德的魚》、《寄居在莫札特的壁爐》、《水仙的咳嗽》等。

行政院新聞局登記證少年報第一號

元氣早報

幽默特刊

焦點報導

我的家人真奇怪？

【記者王美好／台北報導】

作家村上春樹，在《1Q84》中提到一個有趣的問題：人的記憶，最早能回憶至多少歲？許多人能想至四五歲，不過也有人清楚記得兩歲時手術前醫生問他的話。記得的那件事，顯然有其重要性。

今日人物——**詹宏志**

生日｜1956年3月12日

身手不凡｜學經濟學的老編輯、偵探迷，縱橫數位時代的創意鬼才。

不讀可惜作品｜

1985《兩種文學心靈》
1989《城市觀察》
1996《城市人》
1996《找回智慧的心》
1997《閱讀的美好經驗》
1998《創意人》
2002《詹宏志私房謀殺》
2006《人生一瞬》
2008《綠光往事》
2009《偵探研究》

性向測驗

想要更瞭解自己嗎？請洽輔導室葉星海老師。

Q：你會偷看別人的抽屜嗎？

a.偶而
b.常常
c.不會
d.不敢，但是有點想

· 選a的人→坦率實際，適合閱讀＜貓和蛋子＞P.169
· 選b的人→好奇心強，適合閱讀＜屋頂上的番茄樹＞P.105
· 選c的人→具自律性，適合閱讀＜卒子過河記＞P.153
· 選d的人→做事嚴謹，適合閱讀＜伊媚兒魔咒＞P.197

從小我們透過繳交「作文」、「週記」等作業，不斷寫下當時眼睛所見的家人往事。長大後回憶卻往往模糊失真，還有勞全家人一起玩記憶拼圖的遊戲。詹宏志年過五十書寫《綠光往事》，他說：「這些看起來似乎是一個個不相干的故事，其實是在尋找一個人的來歷，」之所以要去追索人的來歷，是因為「過去」已經變成最珍貴的東西，「外在的世界，愈亂愈奇怪，就讓我愈懷念我曾經見過的一個美好的台灣、美好的人，跟美好的人際關係的時代。」

大英百科全書編輯委員會的主席克里夫頓・費迪曼，一九六〇年編寫《一生的讀書計畫》，熱情推薦一百本書給讀者，認為有些書一生起碼要閱讀一次，而且要一再回到這些能讓世界人們不斷得到各種啟發的「經典」之書。

文學新聞

為書夜夜癡狂

【記者焦艾舒／南投報導】詹宏志一生擁有不下兩百種名片，被笑稱「以轉業為業的人」。他成長於南投鄉間，經濟尚未起飛的年代，平時幾乎沒有其他休閒娛樂，當時的南投書店，是靠他姊姊一個禮拜去台中的書店拿一次書，姊姊從台中回來常常已經是夜晚，第二天清早就要把書送去書店，小小詹宏志只能強迫自己，在晚上看完所有的書，即使看到兩眼紅腫、流淚，依然樂此不疲。他回憶說：「有時候，一本書只能在你身邊放一個晚上，你不讀，一輩子就再也看不到它了！」

悅讀加油站

人和書的美好關係——詹宏志

- 「一生的讀書計畫」，不是指這一生要到達的目的，而是指每個人生階段都有一種讀書生活。讓每個人生階段都跟書有關係，讓這個關係顯得自然、無憂無慮，不帶太多功利色彩
- 讓我們透過書經歷不只一種的生活。在書中你可以有前生今世，經歷未來

「阿公，我們的屋頂上為什麼會長出番茄來呢？」

「傻瓜！難道它想長在田裏，就能長在田裏嗎？」

「但是，」我還是不大懂。

「屋頂上沒有什麼土啊？」

屋頂上的番茄樹

—黃春明—

屋頂上的番茄樹。

不知道從什麼時候開始，在此間的寫作圈子，我已經被列入寫鄉土的了。想一想自己寫過的幾篇東西，事實上也是如此。拿裏面的人物和背景，雖然做不到青一色，湊一色總算道地。有幾位朋友曾經勸我說：老寫鄉巴佬，也該寫一寫知識分子吧。言下之意，似乎很為我抱憾。我曾經也試圖這樣去做。但是，一旦望著天花板開始構思的時候，一個一個活生生的浮現在腦海的，並不是穿西裝打領帶，戴眼鏡喝咖啡之類的學人、醫生，或是企業機構裏的幹部，正如我所認識的幾個知識分子。他們竟然來的又是，整個夏天打赤膊的祖母，喜歡吃死雞炒薑酒的姨婆，福蘭社子弟班的鼓手紅鼻獅仔，還有很多很多，都是一些我還沒寫過的人物。他們像人浮於事，在腦海裏湧擠著浮現過來應徵工作似的，不但形諸於色；紅鼻獅仔還咚咚地點起鼓，同伴的文武場也和上來了。我告訴我自己說，我這次可不是要寫鄉土的了，我想寫些知識分子的小說。說著費了很大的勁兒想把腦子裏的老鄉拂去。但是他們死賴活賴不走，還有我自己溫情的根性所纏，只好讓他們在那裏吵嚷，而無奈於對。反過來我不寫，他們也奈何於我。就在僵持之間，我看到我童年我們老家屋後的河，在夏日的日光下金光閃閃的從我們身邊流過。

我和打赤膊的祖母在河邊磨著番薯粉。

「阿明，你看河裏流的是什麼？」

「那裏？」我從盆子裏抬起頭說。

「呀！流到老嬰仔他們的橋下了。」

我們一起伸長頸子，望過橋的另一邊。

「看！就是那一團黑黑的東西。」

「好像一隻死雞。」我說。

「快去看看。如果沒臭的話，就送給姨婆。」

祖母的話還沒有說完，我就從我們的橋跑出去，準備跑到老嬰仔隔壁洪歪家的橋上去等著撿它。但是當我跑到老嬰仔的橋頭的時候，老嬰仔家的阿木也跑出來了。我趕緊跑到洪歪的橋上時，洪歪家的柳哥也跑上橋，也想撿那一隻死雞。死雞有一點刁難似的，慢慢的流過來，我們三個差不多大小的小孩子，並排著跪擠在洪歪的小木橋上，探出身伸出一隻手，在水面上不安的輕晃著。這時河邊磨番薯粉的婦女，都停手望著我們三個小孩子。死雞越流近我們，我們的心裏越緊張。尤其是我，緊張得快崩掉。因為三隻手伸出去，我的手還差兩邊的阿木和柳哥他們一截。當死雞流到我們面前，快落入他們的手的剎那，我縱身一躍，撲通地跳到河裏，一手抓住死雞。稍一定神，我聽到河邊大人的嘩笑聲。橋上的阿木和柳哥不平的罵我土匪。

「又沒饑荒，一隻死雞三家人搶。」祖母高興的笑著說。

我站在河裏露出半身，就地提起死雞聞了一下。

「阿媽。好像不怎麼臭哪！」

「拿回來再說吧。」

當我濕著身子，跑到紅瓦厝把死雞拿給姨婆時，她說：

「你怎麼這樣的身子？」

「我跳到河裏搶的。」

「真乖。」她接過死雞。「呀！可不小啊！看姨婆今天可真有口福咧。阿明，你看。」

她指著門後，「等一下也準備殺這一隻肥豬哪！」

她所指的原來是一隻在老鼠籠裏竄來竄去的大老鼠。

「好大的老鼠呀！」我蹲過去看。

「手指可不能碰呀！有一斤哪！晚飯你來我有兩樣肉給你吃。」

「我不要！」我嚇壞了。

姨婆聽到我這般驚嚇，一邊笑一邊拿著死雞到裏面去了。

「姨婆——我要回家了。」我有意提醒她一件事。

「好，好。再來啊。」她從廚房應聲出來。

但是我還沒走。因為這次她忘記給我銅板。

過了一會兒，姨婆想到門後的老鼠，她走出來大庭的時候，驚訝的說：

「喲！你不是回去了嗎？」

我沒說什麼。我還是留在那裏。

姨婆提著老鼠籠說：「這是一隻老鼠公啊。」一邊說，又一邊走到裏面去了。

「姨婆——我要回家了——。」

「好，好。再來啊。」又從裏面應聲出來。

我很失望，要是知道這樣也不跳到河裏去搶死雞。我站在那兒埋怨一下，正想走的時候。在裏頭的姨婆叫了：

「阿明——阿明——。」

「什麼事？」

「你還沒走？」

「我要走了。」

「等一下。」

她走出來了。一看到我，就把衫掀起來。我看到她腰間那個繡花的小兜。她說：

「看我多糊塗。竟忘了賞你。」她一邊說，一邊扳開兜蓋，用手指夾出兩個銅板給我。「吃晚飯以前，來這裏拿一些我做好的肉，給我姊姊吃。」

「誰？」我一下子忘了她說的是誰？

「小傻子，我姊姊就你家的阿媽也不知道。」她笑了笑。這時我才想起來。

「你回去吧。不要忘記來拿肉啊——。」

「好——」我跑出好多步，回頭看，我看到姨婆依在門口看我，還向我揮揮手。我轉過臉，心想姨婆在看我，我提起精神，用心的跑著，好讓她老人家欣賞欣賞。一、二、一、二……。

想到這裏，看看我桌子上的稿紙。一邊心裏想，就寫了他們吧。一邊又告訴自己說，這是以後想寫的長篇「龍眼的季節」裏的情節。今晚想寫知識分子的啊。就寫貿易公司陳總經理怎麼樣？他以前落魄得很，後來一發達就怎麼怎麼，不然就寫營業部台大經濟系畢業的洪經理，他也是時下很典型的知識分子啊。我突然又想到一個，電視公司那個圈子。這實在是一個取材取之不盡的圈子。想一個綜藝節目，或是一個連續劇的製作到演出，就可以把整個圈子裏的知識分子牽出來。想著想著，不知不覺地，又聽到姨婆他們在鐃舌，也聽到福蘭社的鑼鼓喧鬧起來。甚至於我已經看到帝爺廟前的廣場，搭野台戲棚來了。

那是我童年時候的一個農曆正月初一，因為母親才死後不久，我家的新年就淡淡的來，也淡淡的過去。那天下午，浮崙仔的福蘭社子弟班，為了這一年新春的開鑼，在帝爺廟前開戲了，戲還沒演出以前，戲台上已經上了好多浮崙仔的小孩，我和弟弟也在那上面。

戲台上的鞭炮響起來了。紅鼻獅仔手拿著鼓槌，把小孩一個一個趕下去。當他趕到我的時候，我指著坐在邊上調弦的人說：

「那個拉胡琴的就是我們的阿伯。」

紅鼻獅仔就沒理我們兄弟兩個，轉到別處去趕別的小孩去。

戲開始了，台下湧來很多看戲的人。屋頂上，還有旁邊的老榕樹上爬滿許多小孩。我們在台上正好蹲在打鼓的旁邊，看台下看得好清楚，我和弟弟樂得一直在講話。

「喂！小孩！」我們猛回頭一看，原來是打鼓的在呼喝我們。「你們再講話，我可要趕你們下去啦！」他用透紅透紅的鼻子瞪我們。

「我的阿伯在拉胡琴哪！」弟弟天真的說。

「不管，誰也一樣！」他的鼻子似乎更紅起來。

我們看看他，又看看另一邊的伯父，也就不敢說話了。

正演著的「醉八仙」，對我們小孩子來說，實在沒什麼好看。說的仙話又聽不懂，動作嘛呆板的走過來走過去。台下有許多人擠在前面的，大部份都是來等八仙把供果往下丟的時候，想撿幾塊回去吃，討個平安罷了。

當何仙姑出來的時候，蹲在我旁邊金水的小孩，很高興的回過頭告訴我說：

「那個何仙姑就是我爸爸咧。」

因為他的語氣太驕傲了，所以我想殺他盛氣說：

「難看死了，臉皮那麼粗，抹上粉還是那麼粗。」

「你伯父有什麼了不起！拉胡琴又穿不到漂亮的戲服。」

「你爸爸沒有小雞雞才做何仙姑。」沒想到弟弟竟冒出這麼一句話來。

「我要告訴我爸爸。」他差一點哭出來。

「去說，去說。」我知道他爸爸正在演何仙姑，他沒辦法去告訴他。我又逼著說：「去說哦！不敢就是狗養的。去說啊！去說……。」

正說得得意，我的頭啪地挨了一記，回頭一看，打鼓的紅著鼻子怒目瞪我，雙手還密密的點著鼓。我一手撫摸我的光頭，也怒目瞪著打鼓的，但是我還是叫那一朵紅鼻子移開了視線，看到何仙姑的兒子得意的臉孔，使我覺得挨到那一記鼓槌的地方，現在才真正的疼痛起來。我稍稍的走到戲台上面的邊緣，眼睛找好底下的一小塊空地。這時我站直身體。回過頭瞪著打鼓的；奇怪，我每次想瞪他的眼睛，但是瞪著的都是他的紅鼻子。我大聲的叫：

「打鼓的家裏死人——」，我突然想到祖母告訴過我們，說小孩子在過年的時候，不要亂說話，說我們過年的時候是金口。所以我馬上接著叫：「金口！」說著就往台下跳，一時也忘了弟弟。他隨我後跑到戲台的邊緣，一望底下太深了，不敢跳！站在那裏張大嘴嗚哇嗚哇地哭叫起來。結果弄得台上台下亂哄哄，引得大家哄笑，八仙也都好奇的望個究竟，而和鑼鼓亂了陣腳。

這件事情過了好久，伯父一想起來就說：

「好好的一台戲，被你們兩個小鬼弄得，大家變成七狼八狽。」

想到這些童年的景象和情景，不由得自個兒獨自發笑。我想如果不能暫時把這些人從腦子裏驅走，就不用想寫別的。最後終於叫我想到一個好辦法。我把電晶體收音機拿來放在桌子上，打開美軍電台的音樂。果然不錯，他們都被搖滾音樂趕跑了。

我又開始望見天花板；我過去寫東西的經驗，都是先從天花板、抽煙，再到稿紙的。然而當他們暫時不再強駐在我的腦子裏的時候，反而我的腦子想起他們來了，我在想，所謂小人物的他們，為什麼在我的印象中，這麼有生命力呢？想一想他們的生活環境，想一想他們生存的條件，再看看他們生命的意志力，就令我由衷的敬佩和感動。想了想，我好像已經得到一個答案。對知識分子我不是不認識，十多年來，一直都在知識分子的圈子裏打滾，遇見的人可不少。有許多人給我的印象也很深刻，我就不相信我寫不出知識分子的小說。但是每當我想起知識分子的時候，令我失望的較多，甚至

小人物為什麼這麼有生命力呢？

想一想他們的生活環境、生存的條件，

再看看他們生命的意志力。

於有的想起來就令人洩氣。那麼同樣的想寫一個人；一個是令我敬佩和感動的，一個是令我失望和洩氣的，當然是前者的吸引力大。如果能寫成功這種作品，永遠永遠，不管何時何地，都會感動人的心靈的。

又是一幕叫我難忘的回憶。小學三年級的時候，有一天突然發現我們的屋頂上長出番茄來。我很驚訝的問祖父：

「阿公，我們的屋頂上為什麼會長出番茄來呢？」

「這有什麼奇怪？你又跑到屋頂上玩？」

「沒有！我在底下就可以看到番茄樹，長得好高。它為什麼不長在田裏呢？」

「傻瓜！難道它想長在田裏，就能長在田裏嗎？」

「那為什麼？」我問。

「這也不知道。田裏的番茄成熟的時候，麻雀去偷吃了。吃得飽飽的就到我們的屋頂上來。結果皮和肉消化了，籽兒沒消化。麻雀拉了一泡屎，就把番茄籽兒也拉出來了。後來就長出番茄。」

「但是，」我還是不大懂。「屋頂上沒有什麼土啊？」

祖父突然帶著嚴肅的口吻說：「想活下去的話，管他土有多少！」

過後不久，有一次上美術課的時候，老師要我們畫「我的家」。我畫啊畫的，在一個房子的屋頂上，畫了一棵番茄樹，比例上比房子都大，還長了紅紅的番茄。我很高興的繳給老師。

「等一等。」老師把我叫回來。「你畫的是什麼？」

「番茄樹。」我說。

「番茄樹？」老師叫了起來。然後啪地給我一記耳光：「你到底看過番茄樹沒有？啊！」

我摀著挨打的臉頰，我說：「看過。」

啪！我的另一邊又挨打。「看過！你還說看過！」

「老師，我真的看過。」我小聲提防著說。

但是，老師更生氣。他拉開我的手，又摑掌過來。「你看過？你看過還把番茄樹畫在屋頂上？站好！」

我的鼻血流出來了。同時腦子浮現出屋頂上的番茄樹來。我冷靜的說：

「我家的屋頂上就長了番茄樹。」

「你種的？」這下沒打我。

「自己長出來的。」

「騙鬼！」又想打我，但他把半空的手縮了回去。

「屋頂上沒有土怎麼能活呢？騙鬼！」

這時祖父的話也浮出來了。我說：

「想活下去的話就有辦法。」其實那時我還不懂這句話的

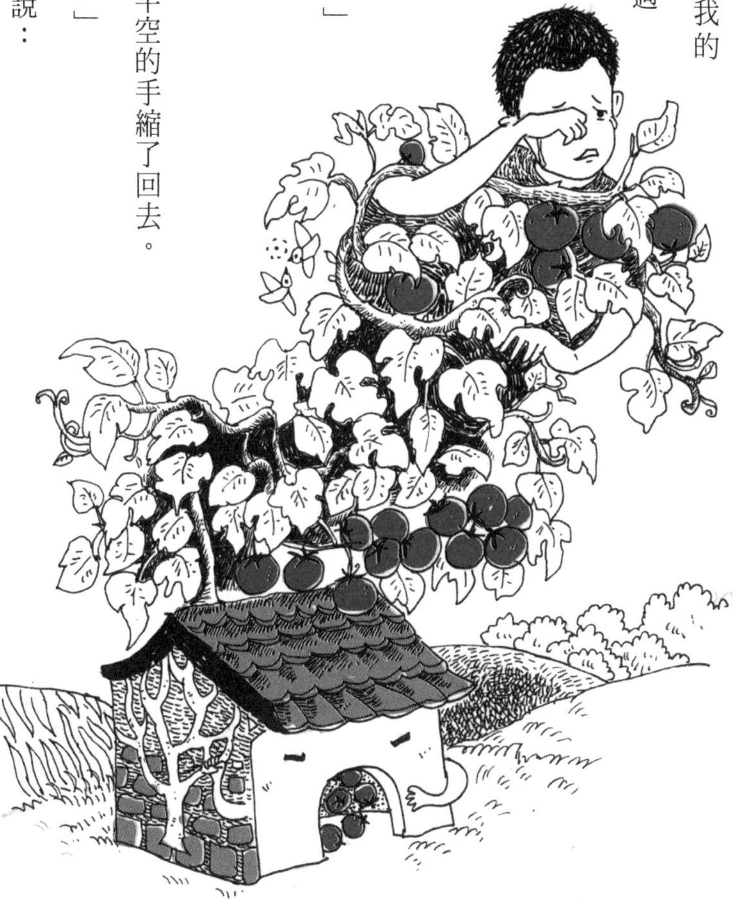

意思。

「如果你不想活了你就再辯！」他舉起手威脅我。我反而放下手，把頭抬起來站好。好像要為真理犧牲的樣子。當然，那時什麼都還不懂的。

老師大概看到我鼻孔的血流得太多，看來似乎壓不住我。他轉個口氣叫：「班長，帶他到醫務室去！」

我沒去，一直站在那裏，最後老師把畫收集起來就回辦公室去了。

那一天我回家，遠遠的看到我家的屋頂，看到屋頂上的那一棵番茄樹在風裏搖動的時候，竟禁不住地放聲痛哭起來。

現在想起鄉間的老百姓，也想起都市裏的知識分子，還有屋頂上的番茄樹。我想他們都有一個共同的宿命：

「世界上，沒有一顆種子，有權選擇自己的土地。同樣的，也沒有一個人，有權選擇自己的膚色。」

沒有一顆**種子**，有**權**選擇自己的**土地**。

沒有一個**人**，有權選擇自己的**膚色**。

——原載一九七四年八月六日《中國時報・人間副刊》
現收錄於《等待一朵花的名字》，二〇〇九年五月聯合文學出版

作者簡介

黃春明，（1935－），生於宜蘭羅東，筆名春鈴、黃春鳴、春二蟲、黃回等。屏東師專畢業，曾任小學教師、記者、廣告企劃、導演等職。近年專事寫作外，更致力於歌仔戲及兒童劇的編導，亦擔任各大專院校駐校作家。曾獲吳三連文學獎、國家文藝獎、時報文學獎、東元獎及噶瑪蘭獎等。現為蘭陽戲劇團藝術總監、《九彎十八拐》雜誌發行人、黃大魚兒童劇團團長。

主要作品有小說《看海的日子》、《兒子的大玩偶》、《莎喲娜啦・再見》、《放生》；散文《等待一朵花的名字》、《九彎十八拐》、《大便老師》；童話繪本《小駝背》、《我是貓也》、《短鼻象》、《愛吃糖的皇帝》、《小麻雀・稻草人》，童話小說《毛毛有話》，戲劇腳本《小李子不是大騙子》（又名《新桃花源記》）等書。

孔子先生您好：

很不好意思佔用您的寶貴時間，我是您的崇拜者，

現在在做家庭主婦，實在是很不得已的啦，

我也不知道您家電話（一〇四說沒有登記），只好寫信……

寫給孔子的一封信

—簡媜—

給孔子的一封信。

孔子先生您好：

很不好意思佔用您的寶貴時間，我是您的崇拜者，現在在做家庭主婦，我一共生了三個孩子，一個老公。

實在是很不得已的啦，我也不知道您家電話（一〇四說沒有登記），只好寫信；那我也沒有唸很多書（因為家庭環境不是很好，只有唸到小學三年級就完畢了），如果講得不清楚，請您不要給我見笑。

我不是有三個小孩嗎？生也是我，養也是我，教也是我，我那個老公只管賺錢，只會「呷得肥肥，裝得鍾鍾」什麼都不管，他連小孩唸幾年級都不知道。現在大的唸高二，老二升國三，最小的小學六年級；功課都在四十名左右，反正不要「吊車尾」最後一名就可以了。可是，最近半年來，我實在

「強強欲抓狂」，電視說好多國中生、高中生跳樓自殺，有的有死成功，有的沒有成功，我看了心臟快要停掉。您知道嗎，我家住八樓，我很害怕小孩會從窗戶跳下去，所以就叫人來裝鐵窗。可是也有的小孩在學校跳啊，那我又不能叫校長統統裝鐵窗。我老公看到這種新聞就發脾氣，那個報紙跟新聞都有把小孩的父母照出來、名字寫出來，我老公就罵小孩說：「你們要是敢去跳樓害我上報，沒跳死我也把你『揉』螞蟻一樣『揉』死！」我實在很捨不得那些小孩，也替他們的父母心酸，養一個小孩到十六七歲很不簡單的咧，要花很多辛苦的咧，他跳完就溜溜去了，可是他父母還在活，以後他媽媽聽到別人說「我小孩怎樣怎樣」時，心會像刀子在割，那個頭永遠抬不起來。報紙、新聞又把父母名字寫出來，看起來好像他們害死小孩一樣，有夠沒天良！孔子先生，我很不了解為什麼小孩吃飽了要去跳樓，您比較有智慧，可不可以給他們勸一下，就是說，父母生你養你，沒有功勞也有苦勞，做父母的很痴情的，就算小孩出生的時候算命仙說他到十七歲會去跳樓，做父母的也會很痴情把他養到十七歲的。孔子先生，拜託您一定要把這個意思講給他們聽，要不然，「碰」，跳一個，「碰」，跳兩個，那我們女人再會生也不夠他們跳啊，對不對！

另外，我家這棟樓的媽媽們常在一起聊天，她們有的想把小孩送到外國，有的把戶口遷到好一點的學區，聽說這樣小孩才會考上好學校。我也很想這樣做，可是因為我先生不是很會賺錢，（房子還在貸款呢！）我又聽她們常常在比送什麼禮物啦、請家教啦、上補習班啦，好像那個好學校的好班要花很多錢的樣子。有一次，有個媽媽就在嘆氣之後提到您的大名，說：「要是孔子在就好了！」我第一次聽到「有教無類」、「自行束脩以上，吾未嘗無誨焉」的「教育理想」。我知道「有教無類」就是「有給他教，沒有給他分類」，「束脩」就是肉乾（我有去查字典）；我覺得您實在有夠厲害，心腸這麼好觀世音菩薩會保佑您們全家的！您可不可以出面去跟那個教育部長講一下，不要給小孩分類，又不是環保署，要分玻璃罐、鋁罐對不對！還有另

自行**束脩**以上，吾未嘗**無誨**焉

外，您可不可以上電視跟做父母的講，不要逼小孩一定要考上建中、北一女、台大嘛，唸書跟吃飯差不多，要是小孩的胃很小粒，你逼他吃大粒胃才吃得下的東西，那他的小胃就會爆炸，像我小時候幫家裏賣鴨，為了重一點，拚命用唧筒灌飼料，就把鴨子的胃灌破了！我覺得小孩健健康康，長大不要去搶銀行、殺人就好了，你逼他拿第一名，就算是全校，也不是全國、全世界第一啊！像我，就不會逼小孩考第一，因為我不是第一名媽媽怎麼可能生出第一名的孩子呢？對不對！

　　不過，我聽那些媽媽在講，好像現在的教育問題很嚴重。我不像她們有學問、會講話，所以就想寫這封信給您，請報社幫我轉一下，我是想說，既然您教書的口碑這麼好，不知道您有沒有開暑期輔導班？我有去側面打聽啦，聽說您的學生沒有唸到一半去跳樓、自殺的，我想請您「出山」來教我的小孩，這樣我就不必「吊膽」了。可不可以請您寄招生簡章跟報名表給我。（要十份，隔壁陳太太、三樓李太太、四樓林太太……都要。）

還有，不知道您比較喜歡吃「新東陽」肉乾還是「黑橋牌」？一百盒夠不夠？

還有就是說，孔子先生，肉還是不要吃太多比較好。

敬祝

健康

簡太太敬上

●幾天後，這封信被退回，原因是：查無此人。

——原載一九九一年八月《中晚・時代副刊》
現收錄於《胭脂盆地》，二〇〇四年六月洪範出版簡媜（1961－），宜蘭人，台大中文系畢業，曾任職出版社，現專事寫作。被詩人瘂弦讚譽為「文字的精靈」散文家，曾獲中國文藝協會散文創作類文藝獎章、梁實秋文學獎、吳魯芹散文獎、中國時報散文獎首獎。自詡為「不可救藥的散文愛好者」。著有《水問》、《只緣身在此山中》、《月娘照眠床》、《私房書》、《下午茶》、《夢遊書》、《胭脂盆地》、《女兒紅》、《紅嬰仔》、《天涯海角》、《好一座浮島》、《微暈的樹林》、《老師的十二樣見面禮》等。

還搞不清狀況的我，聞到一股噁心的味道，
往四周看，空蕩的鐵籠子散放，
顏色駁雜的雞毛堆積在角落，還有幾缸溫熱的水桶，
浸泡著去完毛、光溜溜的肉雞……

那些雞毛小事

—鄭順聰—

那些雞毛小事。

當電視不急不徐唸出「省政信箱」四字時，我的童年啊！便開始揉眼睛。預感這個難得的假期下午，若再攤在籐椅上，恐怕要以窮極無聊作收。

一大早，爸爸便開車走訪於嘉南平原的麵包店，深入麵粉飛揚的作坊，維修食品機械，恐怕要到日頭落山才會回家；媽媽的手從沒停過，背後滿坑滿谷的半成品，待她加工完成。我若是不長眼，跟媽媽抱怨「真是無聊啊！」肯定會被痛罵：「猴死囝仔也不來逗手腳，放閒閒沒歹事做……」

長日漫漫，不甘心大好時光就此偈盡，推開綠網紗門，把拖鞋留下，光著腳就往外頭踅去。

還有什麼好玩的呢？悠悠晃晃，無可奈何，最後，還是到我的小學去。

正門不走、側門也不行，圖方便的我雙手一撐，翻過圍牆就到了校園裡。那是學校最偏僻的角落，雜草叢生，蚱蜢蹦跳，蜜蜂亂飛，鳳凰木如巨大的手，擒抓天空。

我從邊緣的圍牆往操場中心狂奔而去。

假日校園陷入無政府狀態，沒有老師監督，許多不知從哪個村莊來的野孩子，這裡一群、那裡幾個，像我一樣，父母忙著賺錢無暇照顧，操場草色青青，正宜放牛吃草，孩子就跑回學校自己找樂子玩：挖土捉蚯蚓、口銜草莖打棒球、扯起蜥蜴的尾巴狠狠甩出去、交流訐譙話，還有，握緊拳頭幹一架。

那天，不幸遇到火燒庄的囝仔，雖黑矮瘦醜，著實有牛般的蠻力，一陣亂鬥，我腹部中了一拳，知道大事不妙，趕緊落跑。

正門不能走、側門也不敢行，追兵在後，我死命地逃，見圍牆在前，不顧三七二十一便翻過去，落地處溼滑，我重重跌了一跤。

坐在地上，呆視擎天的鳳凰木，羽毛般的葉子輕輕柔柔，隨風飄搖。

「囝仔，甘有安怎？」一位中年婦女把我拉起，好心倒了杯茶給我喝。

手捧著茶，還搞不清狀況的我，聞到一股噁心的味道，往四周看，空蕩的鐵籠子散放，顏色駁雜的雞毛堆積在角落，還有幾缸溫熱的水桶，浸泡著去完毛、光溜溜的肉雞。

中年婦女很快就認出我來，知道我是附近那家鐵工廠的孩子，拉拉雜雜說起兩家的遠親關係。

才知道，我常翻牆而過的，是她家前門；殊不知其後院，是處殺雞地獄。

坐在板凳上，婦女腹部的肥肉堆疊好幾層，衣服沾了斑斑點點的血水，只見她順手抓隻雞，手拿鑷子，不知在夾拔什麼。

小孩子最不能抵擋的，除了夏天的冰，便是好奇心了，我忍不住開口問。

婦女竟回說：「要不要賺大錢？」

她哇拉哇拉地說：這些雞都放完血、取出內臟，也用熱水燙過，強力脫水把羽毛除掉，還殘留一些微小透明的雜毛待拔除，更頭痛的是「毛箭」，如同田裡抽發的秧苗，剛從柔軟的雞皮稍稍長出，若不拔出，會被攤商退貨，所以乖囝仔啊！目睭好，手又靈巧，要不要幫忙一下？

旋即，她隆重開出價碼：「一隻一塊」。

想到集滿五塊就可以去買百香果冰，想到年紀輕輕就可以賺錢，不必再忍受母親的叨唸……毫不思索，我立刻答應。

興致勃勃的我找了張板凳坐下，拿起鑷子，從血水中抽出死雞，看準雞翅邊緣的殘餘毛箭，當作火燒庄那些可惡的野孩子，除之而後快。我這個眼中只有錢的猴死囝仔，對於開腸剖肚、翻眼瞪人的死雞，毫不畏懼，只管在滿是疙瘩的鬆軟雞皮中，逡巡、盤查。

好康逗相報，我還跑回家招呼弟弟來，參與殺雞拔毛的行列。

鳳凰木羽毛般的樹葉夾著火紅花穗，隨風搖曳，傍晚時刻，樹蔭從學校越過圍牆，落在流滿污穢血水的地面，和我們兄弟勤奮的身影，疊合。

當天，我們兄弟倆很晚才回家，母親正要發作時，拿著雞毛當令箭，我神氣地炫耀：從今天起，不必倚靠爸爸，也不想忍受媽媽的嘮叨了，我們兄弟倆已開始賺大錢了，可以獨立做主了。

爸媽一臉驚訝，不敢置信的模樣，我從口袋掏出五塊錢，說現在殺雞場工作很忙，今天雖只拔了四隻，女老闆仔細檢查，見雞渾身上下一根毛都不剩，很是高興，湊整數多給了我一塊錢。

這樁雞毛小事，成了我「第一件差事」；那個臃肥的中年婦女是我第一位雇主，以隻計薪，每日結算。由於日趨怠惰，一個禮拜只賺了二十塊錢，幸好，政府扣

不到稅，全都拿去買百香果冰。

不過，除了冰，小孩子消耗最快的，永遠是耐心。

不知怎地，雞毛越來越難拔除，也越拔越無趣，我對賺錢失去興趣，最後就不去了。殺雞場生意不好做，之後改賣小豬，生意更加慘澹，停業一陣子，霓虹燈轉動艷光，能在窮荒鄉野生存的，是理容院。

之後，我還是經常翻越圍牆，在世界的邊緣來來去去。在那個界線不嚴明、輕易就可跨越的年代，家庭即工廠、工作即休閒，我這個童工也參與時代巨輪的推進，在台灣的經濟成就中，付出雞毛般的微薄貢獻。

只是，當電視再度唸出「省政信箱」時，我還是揉了揉眼睛。冗長的下午，懶懶躺在籐椅上，父母依然忙碌。積極奮發的民國七十年代，整個台灣島都是工地，勤勉的人民不分日夜，拚命工作賺錢。

而我這個猴死囝仔，茫然無處可去，只感覺到，生命的窮極無聊。

——原載二〇〇七年十二月號《幼獅文藝》
現收錄於《九十六年散文選》，二〇〇八年三月九歌出版

作者簡介

鄭順聰（1976－），嘉義民雄人，中山大學中文系，國立台灣師範大學國文研究所畢業。曾任《重現台灣史》雜誌主編、《聯合文學》執行主編。獲台北市文學獎、高雄市打狗文學獎、高雄縣鳳邑文學獎、花蓮文學獎、基隆海洋文學獎、雜誌編輯金鼎獎、行政院新聞局電影創意故事入選等。作品入選《九十六年散文選》、《2008台灣詩選》、《2009台灣詩選》。著有詩集《時刻表》。

菜單拿來的時候，使我吃了一驚，
因為那上面的價錢之貴，遠超過我的想像。
但她肯定地對我說著：
「我午飯是不吃什麼東西的。」

午餐

—毛姆—

午餐。

我在舞臺上又看見了她。為了回答她的招呼，換幕的時候，我到後臺去看她了。好多年前，我和她見過一次面，現在如果不是別人說起她的名字，我簡直不認識她了。

她高高興興地和我敘著交情，說：「呵，多少年不見了！時光真是像飛一樣！我們彼此都沒有一點年輕的樣子了，你還記得我們初次見面的事嗎？你請我吃午飯來呢。」

我還記得嗎？當然記得。

那是十幾年前，我在巴黎時候的事。我住在拉丁區對著墓地的一間公寓內，收入僅僅能維持生活。

她看到我的一本書，曾寫信來和我談論著。為了答謝她的盛意，我回了她一封信，立刻又收到她的回信，說她將經過巴黎，希望和我見面談談，不過她的時間，只下星期四有空閒；她那天上午要到拉司堡勒，問我可願意同她在富約飯店吃一餐午飯嗎？富約飯店是法國顯要們吃飯的地方，我從來沒有起過到那裡去的念頭。但我當時受寵若驚，並且太年輕了，還不懂得怎樣對女人說「不」字。（我要附帶地加上一句：這是很少人懂得的，除非到他老得隨便說什麼，女人都不看重的時候。）

當時我有著八十個金法郎，是準備用到月底的生活費，並且午飯的預算是不超過十五法郎的。可是我想如果把下星期中的咖啡取消，省下的錢大概夠這次意外的花費了。於是我就回信說，很願意星期四中午在富約飯店和我的通信朋友見見面。

她的樣子沒有我想像的那麼年輕，派頭很大但並無魔力，事實上，那時她已將近四十歲了，這雖然正是迷人的年齡，但絕不適於一見鍾情的。她給我的印象，就是有著很多又白又大又整齊的牙齒，多到好像超過了實用的限度似的。她談鋒很健，又加故意來談我的事，因此我也竭力去注意聽著。

菜單拿來的時候，使我吃了一驚，因為那上面的價錢之貴，遠超過我的想像。但她肯定地對我說著：

「我午飯是不吃什麼東西的。」

「那兒的話！」我裝作慷慨地回答說。

「我吃午飯從來不超過一樣食物。我認為現在一般人吃得太多了。那麼就來一點魚吧，不知他們有沒有鮭魚？」

這是離鮭魚上市還早的時候，那菜單上沒有開列價錢，但我還是不能不轉問那侍者：「有鮭魚嗎？」他回答說巧得很，他們剛得到一條鮭魚，這是今年第一次有。於是我就為我的客人要了一份。那侍者又問她，在鮭魚做好之後，可還要點別的東西嗎？

「不要，」她回答說：「我吃午飯從來不超過一樣食物，除非你們有鱣魚卵，只有這個，我還可以吃點。」

我的心不由得沉落了一下，我自知是付不起鱧魚卵的價錢的，但又不能對她說，只好告訴侍者來一客鱧魚卵。我自己是選了那菜單上最便宜的一樣菜——羊排。

「我認為你吃肉是不大合適的，」她說：「吃了像羊排那樣油膩的東西之後，還能希望去工作嗎？我是不肯叫胃負擔過重的。」

接著酒的問題又來了。

「我午飯是什麼酒都不喝的。」她說。

「我也是。」我趕快接上去。但她好像沒有聽見我的話似的，繼續說：

「除了清酒之外。法國清酒是很淡的，對於消化好得很。」

「那麼你想喝點什麼呢？」我保持著禮貌，但並不十分殷勤地問。

她露出她那口白牙向我笑了一下說：

「我的醫生除了香檳，什麼都不准我喝。」

我想我的臉有點白了。我叫了半瓶香檳，並且說：「我的醫生是絕對不准我喝香檳的。」
「那麼你要喝什麼呢？」
「水。」
她吃了鱣魚卵又吃了鮭魚。她興高采烈地在談著藝術、文學和音樂；我在擔心著那帳單不知要付多少錢。我的羊排來了的時候，她嚴正地勸告著我：
「我看你是習慣於吃豐富的午餐的，這實在不大好，為什麼不學學我，只吃一樣東西？我擔保你會覺得更舒服點。」
「好，現在我就學著只吃一樣東西。」當侍者再度拿著菜單走來的時候，我這樣說。
她做了一下手勢，隨隨便便地把那侍者揮退著說：
「不要，不要，我午飯從來不吃什麼東西的，吃也只吃一點，絕不能多吃，並且，吃這一點也是為了談話而不是為別的。我簡直不能多吃一點，除非他們有那種大蘆筍，吃點還不要緊。再說，到巴黎不吃蘆筍，太叫人遺憾了。」

我的心更沉落著。我在一些店鋪中看見過蘆筍，知道那是貴得嚇人的，曾使我望著它流涎不已。

「這位太太問你們有沒有蘆筍？」我無可奈何地向那侍者說。我一心希望著他說沒有，但他那大臉上堆滿笑容地說：「有的，並且鮮美肥大極了。」

「我是一點都不餓的，」我的客人嘆了口氣說：「但是你一定要我吃，就吃點也沒關係。」

我點了一客蘆筍。

「你自己不要嗎？」

「不要，我從來不吃蘆筍。」

「的確，有些人是不喜歡吃蘆筍的。不過，你是被那些肉弄倒了胃口。」

我們在等候蘆筍的時候，恐懼一直佔據著我。現在問題已不是還剩多少錢維持今後一個月的生活，而是我的錢夠不夠付帳了。如果發覺缺少幾個法郎，非向我的客人去借不可，那是多麼難堪的事！我絕不能這樣做，我知道自己身上有多少錢，要是帳單開來超過了我的錢數，我決定要伸手到袋裡去摸一下，作一聲舞臺上的驚呼，跳起來說，我遇到扒手了。可是如果她也沒有足夠的錢付帳的話，那就太糟糕了。那時候唯一的辦法只有把錶留下，說回頭再來付款。

蘆筍端上來了，又大又鮮又香，奶油煎炸的味道，直衝著我的鼻管，眼望著那貪饞的女人，大口地吞食著，而我禮貌地在談論著巴爾幹演出的一齣戲的情節。

「要咖啡嗎？」我說。

「好，只來一杯冰淇淋和一杯咖啡吧。」她回答道。

這時我橫了心不管一切，我給她要了咖啡和冰淇淋，自己也要了一杯咖啡。

她吃著冰淇淋的時候，又說：「你知道嗎？有一件事我是絕對相信的，就是一個人離開飯桌時，最好是有著還可以吃點什麼似的感覺。」

「你還餓嗎？」我忍不住地問。

「呵，不，我不餓。你知道，我本來是不吃午飯的，我總是早晨喝杯咖啡，一直到吃晚飯的。就是吃午飯，也不超過一樣食物。我說的是你。」

「噢！原來如此。」

這時，糟糕的事又來了。我們等咖啡的時候，僕役滿面堆笑提著一籃大桃子走來了。那桃子的顏色紅得簡直像小女孩的面頰。這不是應該有桃子的時候，天曉得它們值多少錢，可是再過一會我也會曉得了，因為我的客人一面談著話，一面毫不在意地伸手拿了一個。「你看，你吃了滿肚子的肉，」——可憐我那一點羊排——「弄得什麼也不能吃了。我只吃了些點心，所以還可以享受一個桃子。」

帳單開來了，我付了帳之後，剩下的錢僅僅夠給一點寒傖的小費。她望了一下我留給侍者的三個法郎，我看出她覺得太吝嗇了。

但我走出那飯店的時候，口袋裡已沒有一個法郎，眼前卻還有著一個月的生活開銷。

「你要學學我，」我們握手告別的時候，她說：「午飯只吃一樣菜才好。」

「我要做到更好點，」我回她一句：「今天晚飯都不吃。」

「你這位幽默家！」她愉快地笑著跳上車去：「你真是一位幽默家！」

報應終於來了。我自認不是個愛報復的人，但對於上帝賜予的處置感到快意，應該是可以被原諒的吧！現在她的體重已經三百磅了。

——原載《毛姆小說選集》，一九八一年大地出版毛姆（William Somerset Maugham，1874–1965），生於巴黎，是二十世紀英國最重要、也是最知名的小說家和劇作家，原為婦產科醫生，在行醫期間，創作了長篇小說《蘭姆貝思的麗莎》，之後即棄醫從文，開始七十年的寫作生涯。他處理情節的技巧精練，善於營造懸疑氣氛，對於女性內心的刻劃細膩，以銳利冷靜的筆觸，探討人性，在世界最偉大作家排名榜上，毛姆曾經名列第二，僅次於莎士比亞。著名作品有《人性的枷鎖》、《月亮和六便士》。

行政院新聞局登記證少年報第一號

元氣早報

幽默特刊

焦點報導

吃苦當吃補

【記者平果／雲林報導】

人遭逢困頓時會搥胸頓足說：「人若衰，種瓠仔生菜瓜」。如果「種南瓜生苦瓜」呢？

農民吳秋榮把野生山苦瓜與白玉苦瓜雜交，再與白玉苦瓜回交數次，花了三年才改良成功，長出白泡泡、圓滾滾的「蘋果苦瓜」，不

今日人物

黃春明

生日｜1935年2月13日

身手不凡｜被退學多次的的國寶級作家，還編導兒童劇、歌仔戲，已經有七部小說被改編為電影。

不讀可惜作品｜

1969 小說《兒子的大玩偶》
1971 小說《兩個油漆匠》
1974 小說《鑼》、《莎喲娜拉．再見》
1975 小說《小寡婦》
1979 小說《我愛瑪琍》
1989 散文《等待一朵花的名字》
1999 小說《放生》
2000 小說《看海的日子》
2005 小說《銀鬚上的春天》
2009 小說《沒有時刻的月臺》
2009 散文《九彎十八拐》
2009 散文《大便老師》

性向測驗

想要更瞭解自己嗎？請洽輔導室葉星海老師。

Q：你最喜歡哪一道菜？

a. 酸菜肚片湯
b. 蜜汁火腿
c. 鹹蛋苦瓜
d. 麻辣雞丁

- 選a的人→落落大方，適合閱讀<蟬鳴熾烈的午後> P. 29
- 選b的人→溫柔隨和，適合閱讀<豬の物語> P. 52
- 選c的人→堅毅質樸，適合閱讀<籃球不能越打越新> P. 181
- 選d的人→積極進取，適合閱讀<一家子三國> P.35

但有野生山苦瓜抗病抗蟲性，還也有白玉苦瓜的晶瑩剔透，甜度也提高2度，吃下這瓜，一股甘甜溫潤，不需吃苦當吃補！

作家黃春明一生吃過不少苦頭，八歲喪母，頑皮打架，被大人視為壞小孩，老師動不動就處罰他，苦不堪言，常自憐自艾。初二時的導師送他劇作家契訶夫和沈從文的短篇小說，開啟了他的文學之路，閱讀之後：「我從此不再為自己哭泣了，世界上還有比我更可憐的人。」他也不再自憐：「自憐，就像蛹在繭裡，時間到了，就要咬破蛹，去變成蝴蝶。」

「人若衰，種瓢仔生菜瓜」這句台語是形容一個人在倒霉透頂的時候，種瓠瓜下去，收成的時候竟然會長出絲瓜來。其實菜市場上絲瓜比瓠瓜更貴，瓠瓜也好，菜瓜也好，皆因個人主觀的分別之心才有貴賤之分。

文學新聞

遇見稻草人

【記者陳安／宜蘭報導】

二〇一〇年夏天宜蘭很美麗！各省道及鐵道沿途，都有稻草人立在田中央。原來這是宜蘭推廣的「稻鄉文化」，由國寶級作家黃春明指導村民，在頭城鎮、礁溪鄉、宜蘭市、羅東鎮、五結鄉以及冬山鄉六個鄉鎮的農田裡豎立了五百五十個稻草人。黃春明老師說：「田野裡重現消失已久的稻草人，是最天然的美景。」

黃春明在一九九三年就曾自編、自導、自演「稻草人和小麻雀」，希望這齣戲能感動孩子，在他們心中種下一顆熱愛大自然的種子。

悅讀加油站

黃春明談他的寫作歷程

- 我有的是生活經驗，說起來每一則都像故事。
- 我的文學之路，是從生活和閱讀經典名著一步步走過來的。
- 做一些能把創痛涵化掉的事情，而這件事不止對你，對別人也有意義。

報上說這一次台北國際馬拉松估計有將近兩萬人參加，
其中包括七十歲以上的老人和七歲以下的小孩，
距離七十歲與七歲，我的年齡都隔得很遠，
這兩萬人裏，難道不可以有我嗎？

卒子過河記

—亮軒—

辛子過河記。

報上說這一次台北國際國道馬拉松估計有將近兩萬人參加，其中包括七十歲以上的老人和七歲以下的小孩，看到這一則報導，免不了有點生氣了！距離七十歲與七歲，我的年齡都隔得很遠，這兩萬人裏，難道不可以有我嗎？這就是我參加國道馬拉松的動機，非常單純，單純到除此之外我什麼都不知道，我分不清四十二公里跟十公里除了距離還有什麼不同，我想一個晚一點到達終點，一個早一點就是了。我的雜事不少，四十二公里跑回來就趕不及一個必須參加的聚會，就是我參加十公里這一組的全部原因，如果有時間的話，四百公里我絕對也敢參加的。

當然不是對自己全無估計，乘公車經常故意提早或延後一兩站下車，因為愛走路。兩年前冬天曾經騎單車從北京的長安大街到圓明園、北大，來回超過四十公里，還頂著寒風呢！那次事後固然病了，我相信是水土不服，而非疲累所致。今年夏天遊峇里島，在一個超大游泳池中不停的游了兩個多小時，……在在都證明我天生可以長跑。我看看自己的一雙弓形腳，信心更為高昂，紀政小姐在電話中告訴我，這種「十公里組」是專為我這種業餘的人設計的，我聽了有點不是滋味，我知道她指的「業餘」是什麼，我算「業餘」嗎？我要好好兒的跑一跑，僅僅這十公里。我相信老弱婦孺都能跑的，只是慢些，所以鼓勵太太跟孩子一塊兒參加。兩個男孩一口回絕，太太在第二天溫柔婉拒，我頓時覺得這個十公里更加責無旁貸了。

平時事忙，前一天夜裏才想到該穿什麼鞋？但是此刻想也是白想，賣鞋的早已打烊，何況新鞋也未必合適，就穿皮鞋好了。我找出一雙軟一點的皮鞋，試穿一下，十分舒服。又把從前學校發的運動服穿上，在鏡子裏一笑，很有點樣子，恨不得即刻便跑。想起兩天前一位朋友聽說我要去跑，連連問我有沒有檢查過心臟？還有一位小姐說得更令我傷心，她說你跑到終點怕不人家都收攤了，別忘了帶點錢在身上，半道上支持不住了叫個計程車回家吧！我這一次一定要讓大家刮目相看。

清晨四點半就出門，跟在被窩中的她吻別時，聽到她胡裏胡塗的說了個「加油」，也算勉勵。

我迫不及待的告訴計程車司機我是趕早去跑「馬拉松」的，他從迴望鏡中仔細瞧我一眼，回答說：「不簡單，真看不出來！」

繞了不少路才到了樹林北二高交流道，雖然一路不見什麼人，到了這裏方知人還真多，只怕兩萬人還不止，大會早就架好喇叭作各項宣佈，而沿途幾十個服務攤位也擺好了。我下車走了很長的一段路，一路悄悄注意有沒有穿皮鞋的，發現幾萬隻腳沒有一隻是穿皮鞋的，開始狐疑，有點擔心這一趟十公里不好跑。又看到很多人又蹲又跳的在那裏熱身，我要不要熱熱身？一方面是懶，再則想想還是保持元氣為上，否則到正式跑的時候全都涼了怎麼辦？信心開始動搖，我不打算跟任何人打招呼，一個人偷偷的跑好了。我非常安靜的藏身在兩萬人當中，靜候田徑女傑紀政倒數計時與交通部長簡又新鳴槍。跟那麼多人擠在跑道口，也很興奮，天還沒有亮呢，跟許多人一樣，已經興奮得出了一身汗。三分鐘前跑道口的人像上了鍊子急急等著主人牽出去的狗一般，個個彈彈跳跳精力無限一觸即可爆發的樣子。

「五、四、三、二、砰！」紀政的倒數計時一到，那一陣的熱鬧，古往今來任何的賽馬場賽狗場也比不上！此刻是由不得你決定跑不跑了，跑不快而有經驗的人立刻靠邊移動，我還算可以在當中跑一跑的，不過馬上眼看許多人又超過了我，不太服氣的要追趕上去，腳下卻不聽使喚，這時五百公尺還沒到哩！

冷靜！冷靜！我告訴自己，長跑切忌爭先，要比耐力嘛。調整呼吸，給自己一個規定：一呼一吸一共八步，以鼻吸氣以口吐氣，料想不慌不忙，這十公里當可得個中上成績。頒獎在八點就要舉行，自己總不會落在頒獎典禮之後吧？不過現在不要多想，向前跑就是了。有一點生氣那麼多人超過我，

長跑切忌爭先，要比耐力

特別受不了女生超過我，可是不一會兒心理便平衡過來了——我也超過不少其他人的。

繼續往前跑，氣漸漸喘不過來，「八步法」不太好維持了，已經有人改為走了，這個對我有負面的誘惑，但是我努力拒絕，到我終於不得不也改為走幾步的時候，才剛剛看到「已經一公里了！」的牌子，還有九公里在等著我跑——還是「走」過去，行嗎？老天爺！怎麼這麼一會兒就失去信心了？我開始不顧一切的向前衝，在剛剛超過一公里的時候。旁邊有飲水站，用的人不多，我有些些渴，但是衝得興起，也不去喝它。

本來計畫一直跑到兩公里路標的時候再停，兩條腿卻不聽話，硬要堅持，就有點踉蹌，這種事情是不能逞強的。我前後看看並沒有救護車，萬一怎麼樣了怎麼辦？所以又走了一小段，在一公里半開始的時候。但是我儘可能的快步行走，這與我的習慣不合，平常都是散步式的，所以快走也很耗體力。同樣耗體力為何不提升為「慢跑」呢？把快走改作慢跑，表現略佳，被我超過的人也稍稍多些，然而超過我的人似乎更多，明顯的看出「中上」是沒希望了。在氣喘吁吁中我不能不想到自己的心臟問題，腳步不覺更慢了些，正在此時，遙聞啦啦隊的鑼鼓，士氣大振，又衝了幾十公尺。

一定要感謝沿途的啦啦隊跟拍照、拍電視的人，在這些人與鏡頭面前，總不願意太不成樣子。汗水已經把頭髮都濕透了，這是我平生第一次汗水濕透了頭髮，從前當兵受訓時是剃平頭的。我後悔沒有像有的人一樣綁一條毛巾在額頭上，至少看起來也像一回事些，此時不由得也為自己的皮鞋感到自卑，好在人人都忙著跑自己的路，皮鞋不皮鞋沒人管你。

已經看到了一半路程五公里處三峽收費站，對自己的表現重新肯定了一些。變成走路的人愈來愈多，奇怪的是個個都走得很快，一個停下來的都沒有，自己也只好打消休息休息喘口氣的意思，把上身向前傾，重心轉移，也許可以省點力氣，不過我想起電影電視中運動員都是挺起胸膛直衝的，我這個姿勢可能有問題，又把身子直起來，勉勵自己跑慢點沒關係，模樣與氣氛不可差，這個意思相近於「不要死得太難看！」心跳很快，呼吸急促，正想不顧他人眼光休息一下的時候，前面忽然響起一陣歡呼聲，仔細一瞧，我的天，原來已經有七、八人繞過五公里的回程點，在對面馬路上與我們打照面了！這幾個人一看便知是職業跑家，衣服鞋襪包括髮型長相體型年齡都跟我不太一樣。他們是怎麼跑的？看那個架式，似乎可以一生一世這麼跑下去，而我此時已經筋疲力竭，才在三公里半的地方。算一算他們在二十分鐘裏足足領先了我這個人四公里，他們會飛嗎？還是剛才「地遁」？我開始計畫下一次要乘直升機跟著觀察這些神乎其技的人一次。這些飛毛腿對我的刺激太大了，我放棄了休息的餿主意。拚命的往前衝，能衝多少就衝多少。從來沒聽說過跑十公里國道跑死的，死衝好了！三峽收費站在望，拚命的衝，不過怎麼衝也快不起來，更奇怪的是那個開闊的收費站明明在眼前，怎麼跑都靠近不了，會退後，是活的嗎？我不看收費站，看比較靠近自己的路標還是一棵旁邊的樹，如此一程一程，反而好過些。

皮鞋終於開始出問題，愈跑愈鬆，有點要先我而去的意思，更討厭的是前腳掌開始痛了，在抵達終點時不宜破皮，我猛然間想起來在銀幕上看過一位超級馬拉松選手跑進終點的鏡頭，一雙腳血跡斑斑——他是赤腳跑的。但是他的面孔掛著坦然溫柔的微笑，向全場數萬起立歡呼的觀眾揮手，此刻我由衷的承認自己是一個平凡的人。

五公里的折返回程點只要一息尚存，總是跑個幾步，看看手錶，已經耗去快要三十分鐘，這還是體力較充沛的上半段呢！八點參觀頒獎典禮是不可能了，不過還是得跑下去。大會有一輛車子從身邊駛過，沒有見到什麼人伸出大拇指搭便車，我自己當然也不好意思求援。不管怎樣現在是回程了，最不同的感覺是看到「去程」國道上還有至少兩、三千人。我們一天到晚受到督促說要往前看，老實說往後看看也很必要的，這回頭一看，舒坦不少，而且發現有的人比我還瀟灑，居然在散步看風景！可不是嘛，太陽剛剛露臉，遠山一層層的藍紫，逆著光浮動著薄薄的霧氣，一陣輕風便可吹散然而卻穩穩的覆蓋了整片的山色，田野間的稻穗無限輕柔的依偎在自山後飄灑過來的朝陽裏，綿羊一般的順從與滿足，從這兩萬人的國道上望過去，大地才剛剛甦醒，朦朦朧朧的伸著懶腰呢。今天是假日，所有不該起床的都還在被窩裏呢，我妻與我子也在內。

超越我的人愈來愈多，我此刻也不怎麼介意了，反正八點以前到不了，連中間的成績也拿不到了，後面還有那麼多人，只要不是最後一名就行了，我有這麼個想法。豈知念頭剛一起，一位頭髮全白的老先生擦身而過，斬釘截鐵此人七十歲以上，我忍著疼痛的腳，繼續的向前跑，總算沒有落在他的後面，但是也想到前面不知有多少超過了我的「老弱婦孺」呢！丹田中升起一股分不清是熱氣還是怒氣，也分不清是氣別人還是氣自己，我加快了腳程。

有一隊打扮做猴子的年輕人的啦啦隊，本來十分有勁的，此時前一個猴子後一個猴子零零落落，年輕也未必頂事。還有一隊喚做「地球醫療團」什麼的，背上寫著幾個大字，一人一字排開，另有一些人拿著模型的針筒、聽診器，還有一個大地球，起先一邊跑一邊呼口號，此時只見一背負「團」字的男生，其他已不知去向，我很快的超過那一「團」。現在又重新想出一套鼓勵自己的方法：不動聲色的為自己訂下超過多少人的短程計畫，先是一百人，後來體力漸衰減為五十人、三十人、十人。然後提醒自己不要動不動就回頭看，我默誦胡適之的那句話：「做了過河卒子，只有拚命向前！」每一步一個字：做　了　過　河　卒　子　只　有　拚　命　向　前……。

拚命向前已經成了無法躲避的命運，芥川龍之介的短篇〈蜘蛛絲〉中描寫成千上萬在地獄火海中的靈魂沿著一根可以讓牠們超生的蜘蛛絲往上爬，境況也與此類似吧？這條叫做「北二高」的道路，是恩典，也是折磨，我們慶幸有路可以奮鬥到我們的目標去，也無法不為這漫漫長路的辛苦感到百般無奈。你不能停下來，否則別人就會把你衝倒，你也快不了，愈近盡頭愈是衰竭無力。全身最有精神的，只餘下一雙巴巴望著來時路口的眼睛，腳底的疼痛，只有在想到它的時候才存在了。

「還有幾公里呀？」在人叢中有一位上氣不接下氣的女孩子，向路旁坐在高高梯子上的大會工作人員探問。

「只有一公里了！」

「哇！」大群人的聲音回應著，聽得出個個都為自己的成就欣喜。然而旁邊一個小小的牌子我卻看得分明，還有足足三公里！我卻埋怨自己眼尖，否則像別人一樣開心一下，該有多好。三國演義裏「望梅止渴」的策略在此倒是真的見識了，一面想著曹操的詭計，一面竟慢了下來。這個最後三公里，我就走吧。腳底的疼痛開始傳到腳背，綁鞋帶處特別不舒服，若是鬆了鞋子一定會掉下來。終點的來時路大會工作人員的聲音透過大喇叭隱隱傳來，遠遠望去旌旗招展，仿彿飄泊已久的船隻望見了燈塔與港口。我發現一位少女的背影在前方，梳著馬尾，拴著一圈紅緞帶，一甩一甩的，跑得快時甩得高，慢時甩得低。一雙均勻修長的美腿映在清亮的朝霞裏分外鮮明，T恤雖然長長的遮蓋到臀部，卻格外的搖曳出惹人遐思的韻律，就這麼不知不覺追趕過了許多人，相當的接近這一襲美麗的背影了。於是我乾脆打定主意尾隨著她，她跑跑走走我也跑跑走走，我眼裏再也顧不了別人了。原來眼睛也會累的，假如人間再也沒有美麗的話。

悄悄的跟了好一陣子，正在私下慶幸自己「寶刀未老」之際，她的紅緞子馬虎猛然一甩一陣衝刺而去，丟下了孤零零再也鼓不起力氣的我。似乎沿途牽牽扯扯零零散散的人，都在這最後一千多公尺的跑道上冒了出來，所有只要尚存一點力氣的人都在這一段爆發出最後的潛力，我在混亂壅塞中搜尋她的背影，希望至少可以一睹芳容，然而在雜亂人群中「霧失樓台，月迷津渡」，了無痕跡，須臾間所見所得，恍如夢中。

近終點時有十條由兩邊繩子拉出來的跑道，每條跑道兩邊都聚集著群眾，有先到達了的，也有專門為親友加油的，照相機此起彼落的按著快門，都要留下這足堪告慰的一刻，固然此時已經只剩下吊車尾的千把人了。大多數都自然的衝向中間的兩、三條跑道，我卻有意的向旁邊移動，只希望沒有人認出自己來。

前面只餘下百來公尺了，這時絲毫不爽的感覺出前腳掌已經磨破了皮，腳背被鞋帶勒得深到骨頭裏般的刺痛，而喉頭驟然間火也似的焦渴，我知道此時一定狼狽不堪，一心只盼不要給誰認了出來，我挑了最靠邊人也是最少的終點道，咬著牙關拚命的，卻不能控制住的搖搖擺擺衝過去，眉毛上的汗珠流進眼裏，早上清麗的景致竟而一片模糊，一股悲喜莫辨的激情排山倒海而來，我急急忙忙低下頭去，避開了幾位為我鼓勵的陌生人的目光。

跟其他一萬九千九百多人一樣，我沒有名次，得到一條拭汗的浴巾跟一張「跑完證明書」，日期印的是一九九二年十一月十二日，我事後才想起當時怎麼忘了為自己計時？但是我這一輩子都忘不了的是：這一天，我剛過五十歲一個月零兩天。

——原載一九九三年二月一日《中國時報．人間副刊》
現收錄於《八十二年散文選》，一九九四年四月九歌出版

作者簡介

亮軒（1942－），本名馬國光，遼寧人，生於四川北砷，長於台灣，美國紐約市主大學傳播研究所碩士，曾獲中山文藝散文獎。曾任教世新傳播學院，著有散文集《在時間裏》、《邊緣電影筆記》、《亮軒極短篇》等。

當雜貨店老闆告訴我，我腳踝上的紅點點不是螞蟻蚊子咬的，
而是蚤子的傑作，我竟然有點驚喜。
殺蟲劑買回家並沒有馬上毒殺，
捲起褲管安靜坐在椅子上恭候大駕……

貓和蚤子

—陳淑瑤—

貓和蚤子。

因為那句「生命是一襲華美的袍子，爬滿了蚤子」，當雜貨店老闆告訴我，我腳踝上的紅點點不是螞蟻蚊子咬的，而是蚤子的傑作，我竟然有點驚喜。雜貨店老闆表示，他第一次陪父親返鄉探親在對岸簡陋的旅館內曾遭蚤子恐怖攻擊，搔癢事小，可怕的是還因此引發蜂窩性組織炎，對蚤子他深惡痛絕小有研究，指定某品牌的蟑螂螞蟻藥，說這個有效。

殺蟲劑買回家並沒有馬上毒殺，蚤子長什麼樣子還沒看過呢！捲起褲管安靜坐在椅子上恭候大駕。家裡有蚤子好像是件挺不名譽的事，肯定是家人不愛乾淨，女主人更難辭其咎。不是我推卸責任，家裡有蚤子都要怪貓。別笑我又要提童年的鄉下生活經驗，小時候在鄉下什麼髒亂沒見識過，現在的居家環境比以前進化多了，從前都沒有出過蚤子，現在怎麼會有？但也不盡然，至少鄉下空氣新鮮環境開闊，哪像這灰黯的窩居看不見的細菌如一座看不見的城市。

看見了！看見了！是嗎？這麼小！比一粒芝麻還小，手指嘗試性一碰便飛不見了。真的是耶！我興奮地笑張了嘴。和圖片上放大幾萬倍側扁的蚤子一模一樣，不是牠咬了我才這麼說的，小頭銳面，復面目可憎的吸血鬼。

我認為是貓帶來了蚤子，房東太太也這麼認為，難得我們看法一致。對野貓而言我也是牠吝嗇的房東太太。家裡時常有魚，我喜歡吃煎魚，一整條小小的煎魚，才不枉自小練就的嚙魚功。但是有誰的功力比得上貓的高強，我把吃剩的魚骸拿到院子上與貓分享，有時好心起來多留了點魚肉。魚腥無遠弗屆，野貓很快就趕來了，三兩下便將魚肉舔得清潔溜溜，魚頭魚骨遺留滿地，很有鄉下自在隨便的感覺。有時我會出來偷看牠們老饕的饞相，牠們一聽見聲音就靈敏地仰起臉來與我對看，好像我要跟牠們搶食似的。

雜貨店老闆叮嚀毒殺蚤子務必徹底。暫時停止呼吸，遍地噴灑，關閉毒氣室，外出遊蕩一日。這些年或許是老了，已無心思對抗蟑螂螞蟻之類無傷大雅的小蟲，蟑螂以藥丸驅逐，螞蟻則是撒洗衣粉劃清界線，甚至懶得理會任其來去，挨過牠們出沒的季節就好多了，沒想到竟然敗給這個無法忍受的小東西，情非得已噴了自己一身毒藥。

這次滅蚤行動非常成功，順利光復家園。房東太太說別再餵貓了。我記取教訓未再賣弄我的魚。牠們不知是退而求其次還是挾怨報復，開始破壞我放在院子上的垃圾袋，抓、咬、撕、啃，簡直像討債公司一樣惡質，非揪出隱藏其中的魚味海腥不肯罷休。當我看見我灰色的生活的皮的毛的骨頭和血肉，像一隻殘破醜惡的死老鼠那樣給扒開散落一地，我欲哭無淚。只能忍辱把垃圾儘速收回破碎的垃圾袋，再用膠帶將它貼補起來。後來我又記取教訓，不敢把有魚腥的垃圾擺在院子。但事實上，牠們連沒有魚腥的垃圾也不放過。不管我有多充分的理由可以錯過垃圾車，我都得受懲地與發臭的垃圾共處一室。貓不能惹啊！

每隔一段時日貓銷聲匿跡，我又淡忘了我們之間的恩怨，把垃圾擱在院子上。起先牠們並沒有採取行動，使我鬆懈戒心，以為和平的日子回來了。牠們必定會等一天，幹一票大的，就像賓拉登給布希重重一擊。那時我爸剛給我寄來一大箱海鮮，垃圾裡面魚蝦螃蟹樣樣有，牠們 buffet 徹夜狂歡。清早踏出院子，抓狂之前先愣住，點點頭喃喃說：「做得好！」

也許這不公平，遺失鞋子我也懷疑貓。有一年元旦我們出遠門，正好愛麗斯來台北度假借住於此，據說給打不起來的熱水器折騰了一晚上，隔天起床準備出門竟然又找不到一隻她脫在門口屋簷下的鞋，「我心愛的娃娃鞋」，屋前屋後樹下草叢遍尋不著。我說這種怪事以前從未發生，近來不時聽見乳貓喵喵，很有可能是母貓偷走的，一來大腳愛麗斯鞋大，夠兩三隻小貓窩進去，二來有條橫槓的娃娃鞋方便母貓叼著走，像個嬰兒提籃。剩下的一隻鞋擱在門口，要我協尋另一隻。另一隻始終未再出現。我的鞋她勢必穿不下，一直忘記問愛麗斯，那天她是怎麼出門的。

同樣的丟掉一隻鞋的事也發生在男主人身上，就是不偷我的鞋，他們來投訴的樣子，就像那貓是我養的，這叫咎由自取，誰叫我提貓。

蚤子再犯時，依然後知後覺，腳盤上三個連成三角形的小桃紅已經抓了一個禮拜，還當作是蚊子咬。其實這兩種癢是很不一樣的，蚊子癢抓抓就過去了，蚤子越抓越癢；可以這樣比喻，蚊子咬是單純的一見鍾情，蚤子則已到了情慾的階段，癢到骨子裡去了。此次蚤害正逢炎夏，我把地板比較新的那個房間抹得很乾淨，時常在地板上坐臥棲息，更讓蚤子登陸毫不費力。雌蚤吸血後一至四日開始產卵，很快便一發不可收拾。加上我竟完全忘了雜貨店老闆的推薦，用了一種不對症的殺蟲劑，錯失了滅蚤時機。

我們無家可歸般的在外遊蕩一整天，回來後趕忙掃地拖地洗床單，當晚著實睡了一個好覺，隔天孩子發現牠的蹤影時，我說什麼也不肯相信我們的眼睛，只好安慰自己一定是最後一隻。可惜不是。

正當我被蚤子弄得像隻蚤子跳來跳去時，一件更不可思議的事發生了。

母貓又生了小貓，纖細柔弱的喵喵聲忽遠忽近，臨到我的頭皮耳廓肩膀，來到手臂上，令人發毛。我不敢相信自己的耳朵，牠們就在那間地板比較新抹得很乾淨的房間的天花板上。不說多喜愛，我向來不討厭貓的，但此刻我稱牠們是惡魔，竟然在我神經最脆弱的時候捉弄我。我相信蚤子就是從天花板上掉下來的！

我們用掃把從底下敲打，試圖趕走貓，小孩並大聲告訴牠們：「不要來我們家，自己去蓋房子！」小貓隨著鼓舞東奔西跑，好像很好玩似的，等不到敲打，也會自己跑著玩。就在這時候樓下已整個淪陷了，我們新搬過去睡的大房間也發現有蚤子，當天立即捲鋪蓋逃到樓上去。

滅蚤工作仍不間斷，消毒、打掃、抓蚤子三管齊下，每日筋疲力竭，如服勞役，也是牢疫！牠有抗藥性，我卻沒有抗壓性，咬嚙性的小煩惱時時刻刻。有一天孩子放學歸來脫了衣袍要去

洗澡，發現他背上吸著一隻蚤子，可憐地帶去上學又帶回來。臨睡前我在樓下噴滿殺蟲劑，抽身跑上樓去關起門來，但願這是最後一次行動。可是眼尖的小孩隔天總會發現蚤子，當他用驚恐而又帶點興奮的口氣呼叫我，我就知道怎麼回事了。

手工抓蚤雖然勞累，卻比較實際，抓一隻是一隻，指尖的壓迫稍能洩心頭之恨。鎮日往十公分以下的地方鑽，凡是小黑點皆不放過，一再為腳上的斑痣地上動與不動的污點所矇騙，直到熟記了所有這些。如此針眼仇視，近視的眼睛備受折磨，不時得利誘童工幫忙尋找蚤子，一隻一塊錢，特別是在毒氣攻擊過後，欲知最新戰果，便說：「這次如果再看到，一隻十塊錢。」抓不勝抓，又展開另一波攻擊，「這次如果再看到，一隻一百塊。」誰看得見資本家嘴臉背後的無奈啊。天真的孩子是不懂錢也不要錢的，他這頭發現一隻，那頭瞥見一隻，我又快瘋掉了，急忙喝令：「好了！好了！」

驅貓行動也在有一步沒一步地進行。我赤腳從樓上的窗戶跳到一樓的屋頂上，靠著樓牆走到屋邊，蹲下來側著頭，果然看到了貓進入天花板上的洞口。我用掃把驅趕，牠們無動於衷；我用毛巾堵住洞口，牠們推開了毛巾，卻不離開；我把毛巾塞緊，又怕牠們悶死在裡頭。雜貨店老闆娘說她的鄰居也曾有此困擾，撒圖釘在洞口，點燃引信再將鞭炮往裡面丟就會見效。但這未免太卑劣太殘忍了！隔天老闆娘熱心地派老闆來了解情況，他在屋頂洞口探頭探腦，不知要使出什麼手段，我在窗邊直喊著：「夠了！夠了！」

家有戰亂，謝絕朋友來訪，有那沒嘗過蚤子苦頭的人偏說要來，還要苦口婆心拒絕他。為彰顯蚤子每日白衣白褲白襪，如同聖徒一身白地飄來飄去。幸好樓上猶有一塊淨土，登樓前必先站在梯口接受檢查才能放行，嚴防蚤子偷渡上岸。

樓上的地鋪也是一片清淺，非鵝黃即水藍，陽光照在上面異常溫馨，這才發覺是秋天了。看見一隻蚤子，便把牠捏起來往窗外丟。有了一個大煩惱，小煩惱就不見了，有這麼多小煩惱，也就沒有大煩惱了。雖然有過動用除蟲公司的念頭，遲未付諸行動，放了自己也放了牠；重要的是牠們也饒了我，不知怎麼的，走的走逃的逃了，我與貓和蚤子的鬥法就此落幕。

日後我與貓總是保持距離，只有眼神的接觸，當牠輕盈地走在院子的圍牆上發覺我時赫然止步，既像入侵者又像守衛，我們交換了一個珍貴而複雜的眼神。但是乳貓的叫聲依然令我戰慄，發現牠們待在老爺爺空屋的屋簷下，我鬆了一口氣。我爬上樓躲在窗戶的兩塊毛玻璃後面，透過上面的透明玻璃往外看，三隻枯苔色的小花貓幸福地依偎在母貓懷邊，圓溜溜的眼睛直盯著我，母貓掉過頭來，我趕快蹲下去。小貓稍微長大，調皮搗蛋，我一有空箱子丟在院子上牠們必定躲進裡面玩，空箱子拿走了，牠們不是在院子上花叢中躲貓貓，就是跑到屋簷下放置植物的舊書桌的抽屜裡，一隻一格在裡面喵喵叫。每回我推開紗門，牠們不是往外逃，而是朝屋子的方向衝，倉皇竄進抽屜，那聲音可把人嚇得魂都飛了。對牠們仍有蚤子和袍子的憂慮，我將抽屜一一抽離，不許牠們窩藏，牠們不知道抽屜不見了，一聽見那個女人的聲音便緊張地衝向書桌，好厲害的一隻隻懸在空盪盪的桌面下，我聽到那爪子急刮木桌的聲音，不禁哈哈大笑。好可愛的，抽屜裡的貓！

——原載二〇〇六年三月十五日《中國時報．人間副刊》
現收錄於《瑤草》，二〇〇六年八月聯合文學出版
二〇一〇年六月修訂

作者簡介

陳淑瑤（1967－），天秤座，生於澎湖，輔仁大學歷史系畢業。一九九七年以第一篇小說〈女兒井〉獲得時報文學獎小說首獎，並兩度獲得聯合報文學獎小說獎。二〇〇三年作品〈沙舟〉獲吳濁流文學獎。著有短篇小說集《海事》、《地老》，散文集《瑤草》，二〇〇九年長篇小說《流水帳》獲台北國際書展大獎。

籃球不能越打越新

—王正方—

有一天我下了決心，捅了一下坐在前面的大嘴說：

「我要買一隻籃球。」大嘴回過頭來，興奮中又帶著懷疑，

嘴張得奇大可以放進一隻拳頭。

談何容易？

籃球不能越打越新。

初二那年我迷上了籃球。下課鈴一響，大家飛奔到土球場「砸籃框」。砸籃框是當年的遊戲規則，第一個將球投出去碰到籃框的，就佔用這十分鐘的半個籃球場，隨即展開三對三或四對四的鬥牛。

班上有個跩傢伙阿曲，有錢，每天上學帶一隻八成新的「登祿普」（Dunlop）籃球。我的座位離門最近，下課之前阿曲把球從後面塞給我，鈴聲一起拔腿就跑，搶在隔壁班那幫籃球混混的前面，距離籃框數十尺遠就投球，多半能擊中籃框，有時候還能矇進一球。鬥牛隊伍有好幾組，我、阿曲和大嘴一隊叫「峨嵋三矮」。因為我們個子小，身手靈便，會抄球、盤球、中距離準，並不比那些傻大個遜色。阿曲的球技其實不行，基本動作不紮實，經常走步違例。但是還不能說他，因為這小子一不高興就拿著球回教室，場地馬上被別人佔去，很掃興。還有，平時還要巴結著他一點，此人的脾氣挺臭的。唉！誰叫自己迷籃球呢？有一天我下了決心，捅了一下坐在前面的大嘴說：「我要買一隻籃球。」

大嘴回過頭來，興奮中又帶著懷疑，嘴張得奇大可以放進一隻拳頭。談何容易？最便宜的籃球賣六十二元，放在衡陽路體育用品店的展示櫃裡。當年一個普通公務員家庭，小孩能吃飽穿暖就不錯了，根本不給零用錢。但我有辦法，這是個祕密。

那年母親也上班，早飯每人發五角，責令下課時在福利社買小麵包果腹。五毛錢雖少也是現金，每天上午忍住餓一星期下來也有好幾塊了。積攢多日，不時暗地數一疊零鈔，籃球遙遙在望。

長久不吃早餐會發生問題。我們家就在學校後面，每天總賴到學校的預備鐘響了才起床，十分鐘之內要趕上朝會。一路飛奔。衝到隊伍裡同學們剛唱起「山川壯麗」，然後覺得呼吸急促、心跳加速、頭暈，眼前飛著無數金色小蟲子，差不多唱到「勿自暴自棄」的時分，一陣漆黑，不省人事。同學們七手八腳把我扛到醫務室，這場面平均一個學期發生好幾次。一百多天之後，我掏出一大把五毛錢小票子來，老闆皺著眉一一點清，然後把嶄新的「登祿普」籃球交在我手中，我的心跳約每分鐘兩百多下。「峨嵋三矮」改組，阿曲被除名，因為我也是球主。

從此就沒晝夜地打球，放學以後和大嘴他們在土球場上混，直到籃框成了一個模糊的圓形線條，夜間部主任出來趕才離開。每晚四肢無力，不漱不洗倒下去就睡。次日背著書包抱著籃球上學，經常書包好幾天沒打開過。

有一天放學父親發現我沒帶著寶貝籃球回來，就盯住問。我說球交給一位同學保管，明天上學就還。父親問同學是誰？靠得住嗎？我說：「靠得住，就是常來找我的大嘴。」

「大嘴？」他更不開心了：「每次把手指頭放在嘴裡吹口哨叫你的那個？他是叫人還是叫狗呀？」

父親要我馬上去大嘴家把球要回來，我不肯。他問：「大嘴住在哪兒？」可要命了，我知道父親的脾氣，逃難大半輩子，他對物件的歸屬權很看重。這回一定是想親自去大嘴家要籃球。我悶著頭不告訴他，頂了一句：「籃球是我花錢買的。」

父親呵呵一笑：「你哪兒來的錢呀？還不都是從我這兒拿的。」我總覺得這句話似乎不通，那時還不懂所有權轉移的概念。

說出了大嘴的地址。父親跨上那輛二十六吋能率牌老自行車，又名二六慢板，它的把手特高，騎著像端臉盆上街。我獨自在家生氣。

半個多鐘頭後，父親累得滿臉通紅，把球交在我手中，很慎重說：「記住，籃球不能愈打愈新。」

父親半個世紀前說的名語錄，每次想到它就止不住莞爾而笑。

——原載《我這人話多》，二〇〇七年十二月九歌出版王正方（1938－），童年在北京渡過，畢業於台灣大學電機系，在美國賓州大學取得電機博士學位，曾是IBM工程師、大學教授，現在頭銜是著名華人電影導演、編劇，是八〇年代台灣電影新浪潮的重要導演之一。演過幾部戲，第一次、也是惟一一次當男主角，就獲得第三屆香港金像獎提名最佳男主角（電影《半邊人》）。一九八六年身兼編、導、演三職的電影《北京故事》（A Great Wall），在全美二百多家戲院上映，為該年度特別片種（非好萊塢製作）賣座前五名。近年來開始在台灣報刊上發表散文，作品收錄於《我這人長得彆扭》、《我這人話多》兩本散文集。

條碼事件

—陳 黎—

大約是三個月前，我在三年級班上講完「假設語法」，要她們做練習時，矮個子的班長突然站起來說：

「老師，你可不可以幫我們蒐集條碼？」

我愣了一下……

條碼事件。

記得大約是三個月前，我在三年級班上講完「假設語法」，要她們做練習時，矮個子的班長突然站起來說：「老師，你可不可以幫我們蒐集條碼？」我愣了一下，直覺地回答：「什麼條碼？」底下那群女孩隨即七嘴八舌地搶著告訴我：「就是印在貨品上面，結帳時拿到收錢機前面掃一掃就知道多少錢的那種條碼。」我叫平常上課老是喜歡看對面班男生的童淑娟起來慢慢講。她說：「班長在高雄讀大學的姊姊寫信回來說，只要蒐集各種物品上的條碼五千張，寄到××仁愛之家，就可以換輪椅一部。」我心想這大概又是什麼愚人節的把戲。但矮個子的班長卻一臉正色地補充說，這是有關人士為了倡導正確的消費觀念並且回饋社會的善心之舉，她姊姊學校裡已經有人換到了。

她們分配給我的責任額是一千張——她們準備湊集五萬張，換十部輪椅送給學校附近的老人院。我可以請別班老師或同學幫忙，但不可以告訴他們真相，因為據說每個地區最多只能換十部，如果讓別人捷足先登，我們的努力就白費了。

當天一回家，我立刻翻箱倒櫃，搜索了一個下午，結果只找到十多張——包括一張從我太太未開封的絲襪上偷偷割下來的。老實說，我一向對日常家事不聞不問，為了找條碼，翻遍家中大小器物，方知「一日之所需，百工斯為備」之不虛。我從餐桌旁的架子上找到了二十幾種開了封而尚未用完的奶粉、麥片、咖啡、可可等早餐沖泡品，包括一罐十年前推銷員上門兜售，只泡了一次的杏仁粉——這些古代產品自然是沒有什麼條碼的。

為了貫徹學生交付給我的秘密任務，我甚至不讓也在教書的我的太太知道這件事，雖然她幾次詢問為什麼洗手間裡的衛生紙盒會破一個洞，或者她喜歡吃的洋芋片總是有人幫她開了封。她也很奇怪我怎麼關心起家裡的民生問題了，因為我老是提醒她家裡某樣東西用光了。

很快地，我的英語課變成我跟學生們交換蒐集經驗的時段。大家都渴切地想知道什麼牌的什麼東西上面有條碼。如果你能在大家都已熟知的糖果、餅乾、牙膏、牙刷、進口煙酒、洗髮精、沐浴乳、面紙、衛生紙、飲料、錄音帶等等之外，說出一樣大家不知道的，你就會像發現新星座的天文學家般被大家景仰著。最便宜的條碼來自一種十塊錢三包的餅乾，包包有條碼，班上女生幾乎天天人手一包。而為了獲得條碼，全班有一半以上的同學午餐停訂便當，改吃泡麵。全班（包括我在內）都有一個特色：隨身攜帶小刀；「路見條碼，拔刀割下」是我們每日最大的快事。福利社附近的幾個垃圾桶成為那些女生們的最愛，沒事立在一旁守株待兔，有時甚至為了爭奪垃圾，相持不下。

我自然不能跟她們搶那些垃圾桶。我的票源在辦公室。休息時間，看到同事有吃餅乾、零食者，必觀察有無條碼，待將盡未盡之時，快步趨前乞其餘。或者等他們喝光飲料，順手接上空紙盒，稱說為他們回收廢紙。我甚至向女老師們請教化妝品之良窳，請其賜我她們所有之外盒，以便我購贈內人。

不到半個月，我們已蒐集到超過五千張條碼。學期旋即結束，大家相約寒假期間各自努力，務必在開學後一舉達成目標。

等放假回來，大家果然大有斬獲，總數竟破四萬。大家一方面欣喜，一方面卻發現別班似乎也知道此事，因為每次那些女生到福利社時，早有別班學生拿著小刀站在垃圾桶旁。大家懷疑是不是有人走漏風聲，決定快馬加鞭，以免功虧一簣。

我忘不了為了衝向終點，那些女生所顯露出來的悲情壯志：有人勇敢地拿剪刀一一剪下鋁罐、鐵罐上的條碼；有人忍痛割下心愛的歌星寫真集、錄音帶上的條碼；有人偽稱營養不良，要父母日購雞精半打；有人發憤讀破萬卷書，不斷向圖書館借書還書，偷偷割下條碼。就在大家相信將破五萬

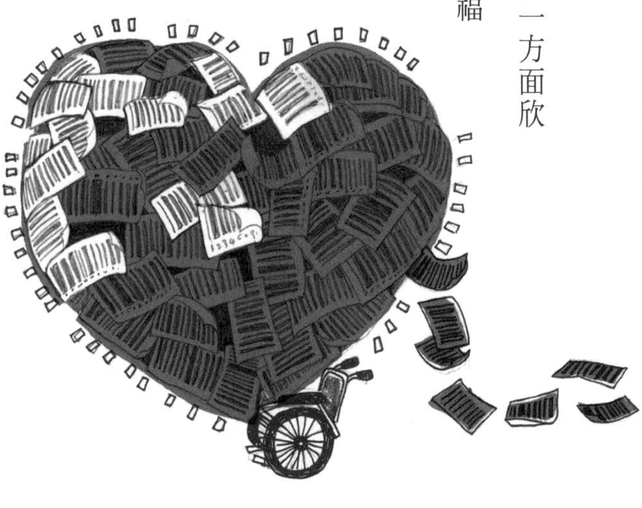

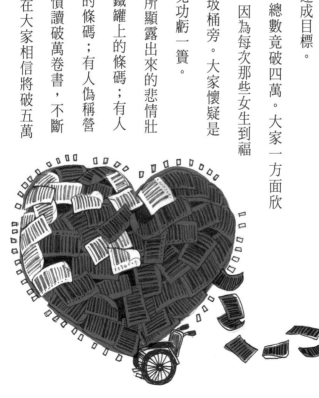

張的那一天，我聽到訓導處廣播叫童淑娟去領包裹。英語課，我一踏進教室，卻看到童淑娟和其他人在座位上哭。講桌上是一大堆凌亂的條碼以及一封信。原來童淑娟偷偷把自己蒐集到的五千張條碼搶先寄給××仁愛之家，希望換到一部輪椅，對方卻把東西退回並且附函請她跟她的同學「好好讀書，不要亂開玩笑」。

矮個子的班長哭得最厲害。我不知道是不是有人責罵了她。事情果然像一場夢，夢滅了，她們自然要傷心難過。我自己倒不後悔過去幾個月對條碼瘋狂的追逐，它們起碼讓我的生活有重心、有目標、有活力，並且讓我注意到許多我以前不曾注意到的人物、細節。我告訴學生：

假使她們真的換到十部輪椅並且送給學校附近的老人院，她們得到也只是精神的滿足、內心的快樂。但難道過去幾個月她們不快樂嗎？她們可以假設她們可以用五千部換到的輪椅向××仁愛之家換一部大號的輪

與事實相反的假設，

讓生活有重心、有目標、有活力

椅，而五萬部大號的輪椅可以換一部無所不包、無所不容，可以迴群星、動地球的特大號輪椅。

假設，只要假設。像文法課本上所說的：與現在事實相反的假設；與過去事實相反的假設；與未來事實相反的假設……

——原載《陳黎情趣散文集》，二〇〇七年四月印刻出版

作者簡介

陳黎（1954–），本名陳膺文，台灣花蓮人，台灣師大英語系畢業。著有詩集，散文集，音樂評介集凡二十餘種。詩作被譯成英、荷、日、法文出版，詩風多樣，不斷變化求新。他也是最早著力於譯介拉丁美洲詩歌的台灣詩人，譯有《拉丁美洲現代詩選》、《辛波絲卡詩選》、《聶魯達詩精選輯》等十餘種。曾獲國家文藝獎，吳三連文藝獎，時報文學獎，聯合報文學獎，梁實秋文學獎翻譯獎，金鼎獎等。二〇〇五年獲選「台灣當代十大詩人」。

陳黎文學倉庫 http://dcc.ndhu.edu.tw/chenli/

焦點報導

運動家的遊戲規則

【記者李佳由／台北報導】如果運動家的基本精神是遵守比賽規則，那麼在運動中和自我挑戰，得到快樂和友誼，才是從事運動最大的收穫吧！

五四運動健將羅家倫就曾經倡導「運動家風度」：「寧可有光明的失敗，決不要不榮譽的成功！」一九六四年的冬季奧

性向測驗

想要更瞭解自己嗎？請洽輔導室葉星海老師。

Q：你最喜歡哪一種運動？

a. 籃球
b. 舞蹈
c. 慢跑
d. 游泳

· 選 a 的人→ 爽快俐落，適合閱讀＜計程車＞ P. 215

· 選 b 的人→ 靈活敏捷，適合閱讀＜寫給孔子的一封信＞ P. 123

· 選 c 的人→ 淡泊名利，適合閱讀＜孔夫子印名片＞ P. 15

· 選 d 的人→ 不拘小節，適合閱讀＜我那目不識丁的阿母＞ P.71

行政院新聞局登記證少年報第一號

元氣早報

幽默特刊

今日人物——陳黎

生日｜1954 年 10 月 3 日

身手不凡｜花蓮孕育出來的「語言魔術師」，詩風多變，不斷創新。

不讀可惜作品｜

1995 詩集《島嶼邊緣》
1997 童詩集《童話風》
1997 詩集《親密書》
1999 詩集《貓對鏡》
2001 詩集《陳黎詩選：1974-2000》
2003 童詩集《黑白狂想曲》
2005 詩集《苦惱與自由的平均律》
2007 散文《陳黎情趣散文集》
2006 詩集《小宇宙》
2009 詩集《輕／慢》
2009 散文《陳黎散文選：1983-2008》

運雙人雪車競賽中，英國隊保持第二，卻發現雪車有根螺栓斷裂，可能要放棄比賽。義大利隊的蒙提，立刻從自己雪車上取下一根螺栓給他們，當時蒙提他們這隊位居第一。最後英國隊贏得金牌，義大利隊只拿到銅牌。後來蒙提說：「英國隊的納許不是因為我送他那根螺栓才贏的，他贏是因為他的速度最快。」蒙提因他的運動家精神而獲頒了「顧拜旦獎」，這個獎是以現代奧運的創始人皮埃爾．德．顧拜旦的名字所命名。

從 1875 年到 1881 年間，考古學家不斷在希臘挖掘出古代奧運會的文物遺址，引起法國男爵皮埃爾．德．顧拜旦（Pierre de Coubertin，1863-1937）的關注。他走訪問奧林匹亞山，認為古代奧林匹克精神應被宏揚，於是催生國際奧林匹克委員會在 1894 年成立。

文學新聞

「視覺詩」的視覺震撼

【記者武大鈞／花蓮報導】陳黎的〈戰爭交響曲〉已被收入美國的大學文學教科書中。全詩只由四個形狀相似的字組成：兵，乒，乓，丘。第一節詩由每行二十四個「兵」字排列成壯盛軍容，有如十萬大軍浩浩蕩蕩開往前線。「兵」代表四肢健全的戰士，「乒」「乓」則是傷兵。詩人毋須任何敘述，透過視覺效果，就呈現出戰爭的殘酷。兵、乒、乓三個字交響出的音效，宛若槍聲砲聲不絕於耳。中國文字之絕妙被詩人發揮得淋漓盡致，讀者可在 youtube 網站欣賞到此詩作的動畫影片。

悅讀加油站

遇見詩人陳黎的《小宇宙》

- 在剪髮時醞釀詩：剪髮是減法，減掉蕪雜的思想，剩下安靜的絲／詩
- 一排靜止的消防車在他眼前無人理會坐在消防隊前面茶舖裡，那人心中的大火

伊媚兒魔咒

—紀蔚然—

雖然天天用伊媚兒，對它仍舊懷有敵意。起初我對它拒之千里，勉為其難使用之後，堅持正名叫它電子郵件，後來偷懶改喚為「E信」，最近終於屈服暱稱它「伊媚兒」。若問稱「伊媚兒」哪裡不好，我會說：「名字太過性感，有點不倫。」

伊媚兒魔咒。

我雖然天天用伊媚兒，對它仍舊懷有敵意。起初我對它拒之千里，打死也不願學習，勉為其難使用之後堅持正名叫它電子郵件，後來偷懶改喚為「E信」，最近終於屈服暱稱它「伊媚兒」。若問稱「伊媚兒」哪裡不好，我會說：「名字太過性感，有點不倫。」

我唯有在感受伊媚兒收發稿件的效率時才能體會她的魅力。但是，伊媚兒要是有知，一定認為我是若即若離的負心郎：絕大部份的時候，它之於我只是必要之惡，不看可惜，看了浪費氣力，好比電話答錄機，不聽白不聽，聽了也是白聽——除了麻將的邀約，天下哪有那麼多十萬火急、錯過不得的重要大事？

對我來說，伊媚兒有三惡。首先，它人盡可夫：所有該要或不該要的信件它照單全收；它不是個有血有肉的管理員，無法真正地為我分類過濾，搞到最後它成了垃圾桶，主人淪為清道夫。收信快樂是可遇不可求的享受。依我的經驗，二十封信裡有三分之二是廣告，十幾件廣告裡有一半在教我怎麼花錢，另一半在教我如何賺錢。前者令人厭煩，後者讓人感嘆：世上好人何其多！那些懂得賺錢訣竅的高手居然不出外花錢或偷偷賺更多的錢，反而撥冗散播福音，普濟眾生，我怎能不好好回信謝謝這些恩人呢？因此，我花很多時間在腦海裡草擬一封感恩四溢的回覆：「多謝分享發財的撇步，下回有種煩請附上尊姓大名與身分證字號，並不吝惠賜住址，以便在下拜託管區警員帶路登門造訪。PS：不成敬意，敬請笑納虛擬水果一盒及如假包換的手銬一副。」

再來就是轉寄自朋友或陌生人的信件或訊息，其中最令我

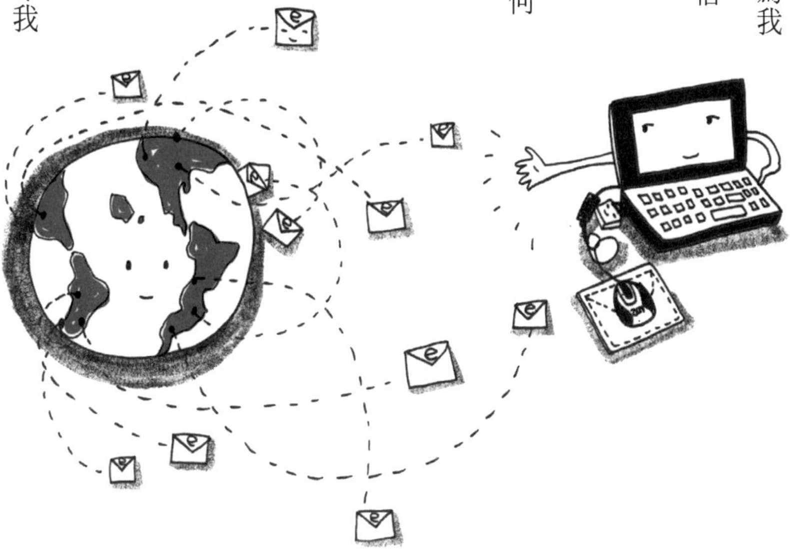

受不了的有兩種。第一是無聊的算命遊戲，其標題大致不出「真的很準！不信試試」之類的文字。我偏就不想試，不管準不準橫豎是浪費生命。理由很簡單：算命遊戲只能告訴人們已知之事物，唯一的功效大概是訓練人們穿鑿附會、捕風捉影的能力。只要收到這種信件，我必殺之，尤其看到「要耐心做完」，下手更快狠準，久而久之，我已練就一套獨步武林的彈指神功。其次是有關健康的大小資訊。我是個負面人，看到「健康」兩字就會自動聯想到死亡，想到死亡會聯想到地獄，想到地獄會聯想到數字「十八」……。有一回，我在信中看到教人「中風時如何以針扎刺手指尖端」時，我頓時心跳加速，血液逆流，抖著手撥電話給還在學校的太太：「快，我們家的針盒在哪？」太太問道：「你要縫什麼？」我回道：「不是，我要刺自己。」

最後，伊媚兒使我中文退化。如果沒有絕對的必要，我很少回信，即使回了信，其言簡意賅的程度有如打電報一般。因為用詞看似淡漠，我在「伊媚兒朋友」間得了個「冷伯」的封號，而我也甘之如飴以「冷伯」自居。有一次，幾個朋友在伊媚兒上七嘴八舌討論去哪聚會大快朵頤之後的好幾天，我終於回信了，寫道：「那天不行，你們去吧。冷伯」不料收到數封圍剿的回函，大意不外是：「不去就不去有啥了不起，自以為酷，你不來恁祖嬤更高興。」我只得再回一信以平息眾怒：「我哪有耍酷咩？我是真的有事啦！你們去玩唄。粉羨慕哩！」這招裝可愛耍白癡果然奏效，大夥紛紛回信安慰。

我排斥機器卻躲不掉機器。從前拒絕練車，被迫考了兩次筆試、五次路試才拿到執照，後來開起車來比計程車司機還猛；從前拒絕伊媚兒，現已然上癮，一天不看就渾身不舒服，仿彿睡覺沒換睡衣一樣。

目前，我還沒完全屈服的是手機，但那是另一個故事。

——原載《終於直起來》，二〇〇五年十月印刻出版紀蔚然（1954–），輔仁大學英文系畢業，美國愛荷華大學英美文學博士，現為國立台灣大學戲劇學系教授。曾發表過的舞台劇本有《愚公移山》、〈死角〉、《難過的一天》、《黑夜白賊》、《夜夜夜麻》、《也無風也無雨》、《一張床四人睡》、《無可奉告》、《烏托邦 Ltd.》、《驚異派對》、《好久不見》、《嬉戲之 Who-Ga-Sha-Ga》、《影癡謀殺》、《倒數計時》、《瘋狂年代》等；電影腳本有《絕地反擊》、《自由門神》等；動畫電影腳本《紅孩兒：決戰火燄山》以及散文集《嬉戲》、《終於直起來》等。

那高調，那頻率，那精確而間歇的發作，
那一疊連聲的催促，凡有耳神經的人，
沒有誰不悚然驚魂，一躍而起的。最嚇人的，
該是深夜空宅，萬籟齊寂，正自杯弓蛇影之際……

催魂鈴

—余光中—

催魂鈴

一百年前發明電話的那人，什麼不好姓，偏偏姓「鈴」（Alexander Bell），真是一大巧合。電話之來，總是從顫顫的一串鈴聲開始，那高調，那頻率，那精確而間歇的發作，那一疊連聲的催促，凡有耳神經的人，沒有誰不悚然驚魂，一躍而起的。最嚇人的，該是深夜空宅，萬籟齊寂，正自杯弓蛇影之際，忽然電話鈴聲大作，像恐怖電影裡那樣。舊小說的所謂「催魂鈴」，想來也不過如此了。王維的輞川別墅裡，要是裝了一架電話，他那些靜絕清絕的五言絕句，只怕一句也吟不出了。電話，真是現代生活的催魂鈴。電話線的天網恢恢，無遠弗屆，只要一線孄孄相牽，株連所及，我們不但遭人催魂，更往往催人之魂，彼此相催，殆無已時。古典詩人常愛誇張杜鵑的鳴聲與猿啼之類，說得能催人老。於今猿鳥去人日遠，倒是格凜凜不絕於耳的電話鈴聲，把現代人給催老了。

古人魚雁往返，今人鈴聲相迫。魚來雁去，一個回合短則旬月，長則經年，那天地似乎廣闊許多。「晚來天欲雪，能飲一杯無？」那時如果已有電話，一個電話劉十九就來了，結果我們也就讀不到這樣的佳句。至於「斷無消息石榴紅」，那種天長地久的等待，當然更有詩意。據說阿根廷有一位郵差，生就拉丁民族的灑脫不羈，常把一袋袋的郵件倒在海裡，多少叮嚀與囑咐，就此付給了魚蝦。後來這傢伙自然吃定了官司。我國早有一位殷洪喬，把人家托帶的百多封信全投在江中，還祝道：「沉者自沉，浮者自浮，殷洪喬不能作致書郵！」

這位逍遙殷公，自己不甘隨俗浮沉，卻任可憐的函書隨波浮沉，結果非但逍遙法外，還上了《世說新語》，成了任誕趣譚。如果他生在現代，就不能這麼任他逍遙，因為現代的大城市裡，電話機之多，分布之廣，就像工業文明派到家家戶戶去臥底的奸細，催魂的鈴聲一響，沒有人不條件反射地一

沉者自沉，浮者自浮

彈而起，趕快去接，要是不接，它就跟你沒了沒完，那高亢而密集的聲浪，鍥而不舍，就像一排排囂張的驚嘆號一樣，滔滔向你捲來。我不相信魏晉名士乍聞電話鈴聲能不心跳。

至少我就不能。我家的電話，像一切深入敵陣患在心腹的奸細，竟裝在我家文化中心的書房裡，註定我一夕數驚，不，數十驚。四個女兒全長大了，連「最小偏憐」的一個竟也超過了《邊城》裡翠翠的年齡。每天晚上，熱門的電視節目過後，進入書房，面對書桌，正要開始我的文化活動，她們的男友們（？）也紛紛出動了。我用問號，是表示存疑，因為人數太多，講的又全是廣東話，我憑什麼分別來者是男友還是天真的男同學呢？總之我一生沒有聽過這麼多陌生男子的聲音。電話就在我背後響起，當然由我推椅跳接，問明來由，便揚聲傳呼，輾轉召來「他」要找的那個女兒。鈴聲算是鎮下去了，繼之而起的卻是人聲的哼哼唧唧，喃喃喋喋。被鈴聲驚碎了的靜謐，一片片又拼了攏來，卻夾上這麼一股昵昵爾汝，不聽不行、聽又不清的涓涓細流，再也拼不完整。世界上最令人分心的聲音，還是人自己的聲音，尤其是家人的語聲。開會時主席滔滔的報告，演講時名人侃侃的大言，都可以充耳不聞，別有用心，更勿論公車上渡輪上不相干的人聲鼎沸，唯有這家人耳熟的聲音，尤其是向著聽筒的切切私語、叨叨獨白，欲蓋彌彰，似抑實揚，卻又間歇不定，笑嗔無常，最能亂人心意。你當然不會認真聽下去，可是家人的聲音，無論是音色和音調，太親切了，不聽也自入耳，待要聽時，卻輪到那頭說話了，這頭只剩下了唯唯諾諾。有意無意之間，一通電話，你聽到的只是零零碎碎、斷斷續續的「片面之詞」，在朦朧的聽覺上，有一種半盲的幻覺。

好不容易等到叮嚀一聲掛回聽筒，還我寂靜，正待接上斷緒，重新投入工作，鈴聲響處，第二個電話又來了。四個女兒加上一個太太，每人晚上四五個電話，催魂鈴聲便不絕於耳了。像一個現代的殷洪喬，我成了五個女人的接線生。有時也想回對方一句「她不在」，或者乾脆把電話掛斷，又怕侵犯了人權，何況還是女權，在一對五票的劣勢下，怎敢冒天下之大不韙？

絕望之餘，不禁悠然懷古，想沒有電話的時代，這世界多麼單純，家庭生活又多麼安靜，至少房門一關，外面的世界就闖不進來了，哪像現代人的家裡，肘邊永遠伏著這麼一枚不定時的炸彈。那時候，要通消息，寫信便是。比起電話來，書信的好處太多了。首先，寫信閱信都安安靜靜，不像電話那麼吵人。其次，書信有耐性和長性，收到時不必即拆即讀，以後也可以隨時展閱，從容觀賞，不像電話那樣即呼即應，一問一答，咄咄逼人而來。「星期三有沒有空？」「那麼，星期四行不行？」這種事情必須當機立斷，沉吟不得，否則對方會認為你有意推託。相比之下，書信往還，中間有綠衣人或藍衣人作為緩衝，又有洪喬之誤週末之阻等等的藉口，可以慢慢考慮，轉肘的空間寬得多了。書信之來，及門而止，然後便安詳地躺在信箱裡等你去取，哪像電話來時，登堂入室，直搗你的心臟，真是迅鈴不及掩耳。一日廿四小時，除了更殘漏斷、英文所謂「小小時辰」之外，誰也抗拒不了那催魂鈴武斷而堅持的命令，無論你正做著什麼，都得立刻放下來，向它「交耳」。周公「一沐三握髮，一飯三吐哺」，是為接天下之賢士，我們呢，是為接電話。誰沒有從浴室裡氣急敗壞地裸奔出來，一手提褲，一手去搶聽筒呢？豈料一聽之下，對方滿口日文，竟是錯了號碼。

電話動口，書信動手，其實寫信更見君子之風。我覺得還是老派的書信既古典又浪漫；古人「呼兒烹鯉魚，中有尺素書」的優雅形象不用說了，就連現代通信所見的郵差、郵筒、郵票、郵戳之類，也都有情有韻，動人心目。在高人雅士的手裡，書信成了絕佳的作品，進則可以輝照一代文壇，退則可以怡悅二三知己，所以中國人說它是「心聲之獻酬」，西洋人說它是「最溫柔的藝術」。但自電話普及之後，朋友之間要互酬心聲，久已勤於動口而懶於動手，眼看這種溫柔的藝術已經日漸沒落了。其實現代人寫的書信，甚至出於名家筆下的，也沒有多少夠得上「溫柔」兩字。

也許有人不服，認為現代人雖愛通話，卻也未必疏於通信，聖誕新年期

周公「一沐三握髮，一飯三吐哺」，
是為接天下之賢士

間，人滿郵局信滿郵袋的景象，便是一大例證。其實這景象並不樂觀，因為年底的函件十之八九都不是寫信，只是在印好的賀節詞下簽名而已。通信「現代化」之後，豈但過年過節，就連賀人結婚、生辰、生子、慰人入院、出院、喪親之類的場合，也都有印好的公式卡片任你「填表」。「聽說你離婚了，是嗎？不要灰心，再接再厲，下一個一定美滿！」總有一天會出售這樣的慰問明信片的。所謂「最溫柔的藝術」，在電話普及、社交卡片氾濫的美國，是註定要沒落的了。

甚至連情書，「最溫柔的藝術」裡原應最溫柔的一種，怕也溫柔不起來了。梁實秋先生在《雅舍小品》裡說：「情人們只有在不能喁喁私語時才要寫信。情書是一種緊急救濟。」他沒有料到電話愈來愈發達，情人情急的時候是打電話，不是寫情書，即使山長水遠，也可以兩頭相思一線貫通。以前的情人總不免「腸斷蕭娘一紙書」，若是「玉璫緘札何由達」，就更加可憐了。現代的情人只撥那小小的轉盤，不再向尺素之上去娓娓傾訴。麥克魯恆

中國人說書信是「心聲之獻酬」，

西洋人說它是「最溫柔的藝術」

說得好：「消息端從媒介來」，現代情人的口頭盟誓，在十孔盤裡轉來轉去，鈴聲叮嚀一響，便已消失在虛空裡，怎能轉出偉大的愛情來呢？電話來得快，消失得也快，不像文字可以永垂後世，向一代代的癡頑去求印證。我想情書的時代是一去不返了，不要提亞伯拉德和哀綠綺思，即使近如徐志摩和郁達夫的多情，恐也難再。

有人會說：「電話難道就一無好處嗎？至少即發即至，隨問隨答，比通信快得多啊！遇到急事，一通電話可以立刻解決，何必勞動郵差搖其鵝步，延誤時機呢？」這我當然承認，可是我也要問，現代生活的節奏調得這麼快，究竟有什麼意義呢？你可以用電話去救人，匪徒也可以用電話去害人，大家都快了，快，又有什麼意義？

客從遠方來，遺我一書札；

上言長相思，下言久離別。

置書懷袖中，三歲字不滅；

一心抱區區，懼君不識察。

在節奏舒緩的年代，一切都那麼天長地久，耿耿不滅，愛情如此，一紙癡昧的情書，貼身三年，也是如此。在高速緊張的年代，一切都即生即滅，隨榮隨枯，愛情和友情，一切的區區與耿耿，都被機器吞進又吐出，成了車載斗量的消耗品了。電話和電視的恢恢天網，使五洲七海千城萬邑縮小成一個「地球村」，四十億兆民都迫到你肘邊成了近鄰。人類愈「進步」，這大千世界便愈加縮小。英國記者魏克說，孟買人口號稱六百萬，但是你在孟買的街頭行走時，好像那六百萬人全在你身邊。據說有一天附帶電視的電話機也將流行，那真是無所逃於天地之間了。《二〇〇一年：太空放逐記》的作者克拉克曾說：到一九八六年我們就可以跟火星上的朋友通話，可惜時差是三分鐘，不能「對答如流」。我的天，「地球村」還不夠，竟要去開發「太陽系村」嗎？

野心勃勃的科學家認為，有一天我們甚至可能探訪太陽以外的太陽。但人類太空之旅的速限是光速，一位太空人從廿五歲便出發去織女星，長征歸來，至少是七十七歲了，即使在途中他能因「凍眠」而不老，世上的親友只怕也半為鬼了。「空間的代價是時間」，一點也不錯。我是一個太空片迷，但我的心情頗為矛盾。從《二〇〇一年》到《第三類接觸》，一切太空片都那麼美麗、恐怖而又寂寞，令人「念天地之悠悠，獨愴然而涕下」。而尤其是寂寞，唉，太寂寞了。人類即使能征服星空，也不過是君臨沙漠而已。

長空萬古，渺渺星輝，讓一切都保持點距離和神秘，可望而不可即，不是更有情嗎？留一點餘地給神話和迷信吧，何必趕得素娥青女都走投無路，「逼神太甚」呢？寧願我渺小而宇宙偉大，一切的江河不朽，也不願進步到無遠弗屆，把宇宙縮小得不成氣象。

對無遠弗屆的電話與關山阻隔的書信，我的選擇也是如此。在英文裡，叫朋友打個電話來，是「給我一聲鈴」（Give me a call.）。催魂鈴嗎，不必了。不要給我一聲鈴，給我一封信吧。

即使能征服星空，也不過是君臨沙漠而已

——定稿於一九八〇年愚人節

現收錄於《記憶像鐵軌一樣長》，二〇〇六年八月洪範出版

作者簡介

余光中（1928－），福建永春人，生於南京，臺灣大學外文系畢業，美國愛荷華大學藝術碩士。歷任台灣師範大學、台灣大學、政治大學、香港中文大學教授，中間並赴美講學四年，一九八五年起定居高雄西子灣，任中山大學文學院院長及外國文學研究所所長，現任講座教授。余光中一生從事詩歌、散文、評論、翻譯，先後主編多種文學刊物，馳騁文壇逾半個世紀，在華文世界已出版著作上百種，為當代華文世界經典作家之一。著有詩集《蓮的聯想》、《白玉苦瓜》等；散文《逍遙遊》、《聽聽那冷雨》等；評論集《掌上雨》、《分水嶺上》等，翻譯《梵谷傳》等。

搭乘taxi是一門藝術，但我所指的並不是「挑車選運將」。
我叫車時一切隨緣，聽天由命，只要運將願意停車我就上車；
曾經碰到一名自稱是「外星人」的司機，
他邊穿梭於車陣間邊對我說……

計程車

—紀蔚然—

計程車。

一位視血拚如命的朋友如此自我辯解：她在為台灣景氣的復甦盡一份心意。我愛坐計程車，也可順著她的扯淡說「我在為蕭條的計程車業盡微薄的力量」，但其實我只是懶，懶得開車找停車位，懶得坐公車搭捷運。坐計程車是我最大的奢侈。

搭乘taxi是一門藝術，但我所指的並不是「挑車選運將」。有些乘客很挑剔，太舊的不坐，太髒的不坐，車型太小的也不坐；運將太老的不要，司機造型江湖點的免談。我對車種完全不懂，對年紀長相完全不予理會，叫車時一切隨緣，聽天由命，只要運將願意停車我就上車；只要是「人」在駕駛，我無怨無悔。

我曾經碰到一名自稱是「外星人」的司機。他邊穿梭於車陣間邊對我說：「你們地球人不懂得珍惜，不知節制，太會浪費資源，又喜歡互鬥，遲早有一天會毀的。」我以為聽錯了，問個清楚：「我們地球人？」他說：「看不出來吧？我其實是外星人。」我再問：「地球完蛋的時候，你們就會來攻佔咯？」他嗤之以鼻：「這種爛地方我們哪看得上眼！我老實告訴你，我是被派來做偵查的觀察員，早就回報母船說，地球沒救了，不要收爛攤子。過一陣子我就要回老家去了。」我問E.T.老家在哪，他不屑地說：「跟你講你也不知道。」談話期間，我緊握右上角的把手，提防車子會隨時起飛，掠過月球。

所謂藝術，是指如何與掌握你生命安危的運將和平共處。先從叫車論起。以前人比車多，叫車不易，你得拉著嗓門大喊：「太可惜！太可惜！」現在比例互換，招手即可，不用唱山歌了。有些人招呼計程車時，一隻手像風中枯樹一般，不斷在上空飛舞搖曳，十足透露出內心的躁鬱。搭乘計程車的目的之一就是為了逍遙上路，何須如此迫切？另有一些人招呼計程車時，單手四十五度角斜向直伸，好似在向希特勒宣示效忠，然後手掌部位上下擺動，不把運將當人，彷彿他是呼之即來的野狗。其實，我們只要抬手示意，以向朋友打招呼的方式叫車，即能達成相互尊重的第一步。

上車後，一切以禮相待：音樂太大聲請他關小點，冷氣不夠涼請他開大點。這些都是起碼的要求，運將不會也不應介意。切記：馬路如虎口，車子在他手，因此千萬不要跟司機鬥嘴。我聽過有人因政治話題和司機起口角而中途被趕下車的。依我看來，雙方都不上道，而那位運將更是不夠專業，祝他沒生意。我個人的設想很單純：計程車就是運將的肥皂箱，他想發表什麼政見或哲理是他的權利。身為乘客，我只想當配角，聽得爽時附和幾句，為他助興，聽得不爽時，沉默以對，出神地瀏覽窗外街景，管他在胡說八道什麼，等我回神時，他已閉嘴，專心開車了。

一樣米飼百種人，一輛黃包車臥虎藏龍，外加牛鬼神蛇。我遇過各式各樣的司機：有過氣的老闆、退休的軍人；有溫文儒雅的，也有臭幹亂譙的；

有「一陣風」，也有慢郎中。太多的奇奇怪怪，以致見怪不怪，但仍有例外。有次我一上車便看到司機於前座背面貼張紙條，以毛筆寫著「請不要放毒」，我全程如坐針氈，不知其「毒」是指口臭還是放屁。

雖然坐車無數，仍有顧忌。我最怕碰到的是太過安靜的司機，特別是當我說出目的地他仍一聲不吭的那種。我完全不知道他在想什麼，不明他的精神狀態。這時，我總會想起伍迪．艾倫自導自演之《安妮．霍爾》裡的一句台詞：「你在開車時有沒有一種衝動，看到迎面而來的汽車，你會有與它正面對撞的慾望？」

真怕靜謐如鼠的司機，衝動一來，動如脫兔。

——原載《終於直起來》，二〇〇五年十月印刻出版

靜謐如鼠，動如脫兔

紀蔚然（1954－），輔仁大學英文系畢業，美國愛荷華大學英美文學博士，現為國立台灣大學戲劇學系教授兼系主任。曾發表過的舞台劇本有《愚公移山》、〈死角〉、《難過的一天》、《黑夜白賊》、《夜夜夜麻》、《也無風也無雨》、《一張床四人睡》、《無可奉告》、《烏托邦 Ltd.》、《驚異派對》、《好久不見》、《嬉戲之 Who-Ga-Sha-Ga》、《影癡謀殺》、《倒數計時》、《瘋狂年代》等；電影腳本有《絕地反擊》、《自由門神》等；動畫電影腳本《紅孩兒：決戰火燄山》以及散文集《嬉戲》、《終於直起來》等。

看人所寫書，便知什麼人賴床，什麼人不。
曹雪芹看來賴床賴得凶，洪都百煉生則未必。
我沒裝電話時，賴床賴得多些。父母在時，賴得可能更多。
故為人父母者，應不催促小孩，由其肆意賴床。

賴床

——舒國治——

賴床。

有一種壞習慣，小時候一直改不掉，到了年歲多了，卻不用改自己逐漸就沒有了。賴床似乎就是。

躺在床上，早已醒來，卻無意起來。前一晚平放了八九個鐘頭的體態已然放夠，前一晚眠寐中潛遊萬里的夢行也已停歇；然這身懶骨猶願放著，夢盡後的遊絲猶想飄著。

這遊絲不即不離，勿助勿忘，一會兒昏昏默默，似又要返回睡境；一會兒源源汩汩，似又想上游於泥丸。身靜於杳冥之中，心澄於無何有之鄉。剎那間一點靈光，如黍米之大，在心田中宛轉悠然，聚而不散，漸充漸盈，似又要凝成意念，構成事情。

便因賴床，使人隱隱然想要創作。

賴床，是夢的延續，是醒著來作夢。是明意識卻又半清半朦地往下胡思滑想，卻常條理不紊而又天馬行空意識亂流東跳西迸地將心思涓滴推展。

它是一種朦朧，不甘立時變成清空無翳。它知道這朦朧遲早會大白，只是在自然大白前，它要永遠是朦朧。

它又是一番不捨。是令前一段狀態猶作留續，無意讓新起的任何情境阻斷代換。

早年的賴床，亦可能凝鎔為後日的深情。哪怕這深情未必見恤於良人、得識於世道。

端詳有的臉，可以猜想此人已有長時沒賴床了。也有的臉，像是一輩子不曾賴過床。賴過床的臉，比較有一番怡然自得之態，像是似有所寄、似有所遙想，卻又不甚費力的那種遙想。

早上床賴不夠，只得在晚上飯桌酒瓶旁多賴一賴。這指的是獨酌。且看許多臉之怡然自得或似有遙想，也常在酒後。而這是淺酌，且是獨自一人。

倘兩人對酌，而有一人臉上似有遙想，則另一人弄不好覺得無趣，明朝也不想抱琴來了。

不只賴睡在床，也可在火車上賴床，在浴缸裡賴床。在浴缸裡躺著，只包的不是棉花被子而是熱水被子。全室彌漫的蒸汽及缸裡熱騰騰的水，令全身毛孔舒開，也令眼睛闔起，更使腦中血液暫時散空，人在此時，一不留神就睡著了。

要賴床賴得好，常在於賴任何事賴得好。亦即，要能待停深久。譬似過日子，過一天就要像長長足足的過它一天，而不是過很多的分，過很多的秒。那種每一事只蜻蜓點水，這沾一下，那沾一下，急急頓頓，隨時看錶，到處趕場，每一段皆只一起便休，是最不能享受事情的。

看人所寫書，便知什麼人賴床，什麼人不。曹雪芹看來賴床賴得凶，洪都百鍊生則未必。

我沒裝電話時，賴床賴得多些。父母在時，賴得可能更多。故為人父母者，應不催促小孩，由其肆意賴床。

老人腰腿無力，不能遊行於城市雲山，甚也不能打坐於枯木寒堂，卻可以賴床。便因賴床，人老又何悲之有？

雖出外與相得友朋論談吟唱，何等酣暢；雖坐軒齋讀宏文奇書，何等過癮；然一逕無事地躺著靠著，令心思自流，竟是最能杳杳冥冥把人帶到兒童時的做夢狀態，無遠弗屆。愈是有所指有所本的業作，如上班，如談正事，如趕進度，最是傷害作夢。小孩捏著一架玩具在空中飛劃，便夢想

在飛，喃喃自語，自編劇情，何等怡悅。

賴床，在空寂幽冥中想及之事理、之史實，方是真學問。實非張開大眼看進之世態、讀進之書本、聽到的聲響話語所能比其深諦。當然賴床時的想像，或得依傍過往人生的材料；廣闊的見聞、淹通的學識或許有所助益，但見聞學識也不免帶進了煩擾及刻意洞察的迷障，看來最是損折原本賴床的至樂。且看年少時的賴床恁是比中年的賴床得到的美感、得到的通清穿虛要來得佳幽奇絕。可見知識人情愈積累未必較空純無物為更有利。

有時在昏昧中自己隱隱哼在腔內的曲調，既成旋律，卻又不像生活中聽過的別人歌曲，令自己好生詫異；自己並非作音樂的，倘非已存在的、甚而曾是流行的名曲，豈會在這悠悠忽忽的當兒哼出？這答案不知要怎麼找。事後幾天沒有因哪一首曲子之入耳而想起賴床時之所哼，致再怎麼也想不起。這便像世上一切最美妙的事物，如雲如煙，過去後再也不留痕跡。

——原載二〇〇〇年三月二日《中國時報・人間副刊》
現收錄於《理想的下午》，二〇〇〇年十二月遠流出版

作者簡介

舒國治（1952－），生於台北，原籍浙江。成長於六十年代好萊塢電影、西洋流行歌圍繞卻生活清貧簡淡的台北街巷。七十年代中期，開始寫作，以散文作品為主。八十年代浪跡美國七年，一九九八年獲長榮旅行文學獎首獎之〈遙遠的公路〉為此期間生活的寫照。一九九七年以〈香港獨遊〉獲第一屆華航旅行文學獎首獎，二〇〇〇年更以《理想的下午》一書深受矚目，將旅行文學的迷人發揮得淋漓盡致，讓旅行寫作在台灣蔚為風潮。代表作有《流浪集》、《門外漢的京都》、《台灣重遊》、《台北小吃札記》等書。

行政院新聞局登記證少年報第一號

元氣早報

幽默特刊

今日人物

紀蔚然——

生日｜1954年1月6日

身手不凡｜筆調戲謔又犀利的戲劇學者，也是臺灣劇場搬演率最高的劇作家之一。

不讀可惜作品｜

1999 舞台劇本《一張床四人睡》
2001 電影腳本《自由門神》
2001 舞台劇本《烏托邦 Ltd.》
2003 舞台劇本《夜夜夜麻一二》
2004 劇本合集《好久不見：家庭三部曲》
2004 散文集、舞台劇本《嬉戲》
2005 舞台劇本《影癡謀殺》
2005 散文集《終於直起來》
2007 舞台劇本《倒數計時》
2008 散文集《誤解莎士比亞》

焦點報導

文明緊箍咒

【記者唐三／太魯閣報導】

科技文明進步，凡事皆有不同的工具動力，看似方便輕省，卻也不可輕忽文明施展魔咒對健康產生負面影響。出生在勞力付出時代的長輩很喜歡按摩椅，出生在數位時代的晚輩則染上了電腦文明病——頭痛、肩頸

性向測驗

想要更瞭解自己嗎？請洽輔導室葉星海老師。

Q：你會如何對朋友表示祝賀？

a. 打電話
b. 寄賀卡
c. 寫 e-mail
d. 約出來見面

· 選 a 的人→ 熱心負責，適合閱讀＜我的高中生活＞ P. 21
· 選 b 的人→ 溫文有禮，適合閱讀＜午餐＞ P. 139
· 選 c 的人→ 貼心穩重，適合閱讀＜是我？不是我？＞ P. 81
· 選 d 的人→ 爽朗自信，適合閱讀＜二姐的抽屜＞ P.61

酸痛，於是廠商順勢推出了頭戴式的按摩器，戴上後人人好似現代孫悟空，當然囉，這機器也會念緊箍咒，只不過變成是讓人放鬆的催眠音樂。

無拘無束、自由自在的生活，是許多人的心願。但是你認為是束縛的，別人可能不以為意；你認為是怡然自得的，別人可能覺得沒有安全感。為了維持人類社會的秩序，自由與束縛只好巧妙的繼續維持某種平衡。

西遊記中，觀音大士把佛祖送的箍變成花帽子，引誘孫悟空戴上，再教唐僧念緊箍咒。孫悟空如果當初沒有受騙上當，戴上緊箍，他既無父也無母，還能逼閻羅王把他的名字從生死簿除去，這樣肆無忌憚的傢伙，不知道會如何惡搞這個世界？

文學新聞

冷伯就是我

【記者韓冰／北極報導】

前台大戲劇系主任紀蔚然向來有「超級冷面笑匠」之稱，作家楊照曾說：「如果讓紀蔚然自己來說的話，他就一定占你便宜說「冷伯就是我」（要用台語唸），奇怪的是，他寫文章占盡讀者的便宜，我們卻總是讀得樂不可支，完全引發了我們自虐虐人的黑暗本性。」

而這位冷伯最愛看的「節目」就是電視廣告，他會觀察廣告如何賣膏藥，手法最爛的廣告還被他分成「不知所云」、「落井下石」、「助紂為虐」三類。

悅讀加油站

看紀蔚然如何以語言討論語言

紀蔚然：能不能打字幕的時候，編劇不要打「紀蔚然」？

製作人：你是編劇為什麼不用你的名字？

紀蔚然：不是，我是想用「筆名」。

製作人：用什麼筆名？

紀蔚然：「筆名」。

製作人：你是在打啞謎嗎？「紀蔚然」不能打，筆名還要我猜

紀蔚然：我的筆名就是「筆名」兩個字。

一企劃緣起一

成長與學習必備的元氣晨讀

親子天下總編輯　何琦瑜

源於日本的晨讀活動

二十年前，大塚笑子是個日本普通高職的體育老師。在她擔任導師時，看到一群在學習中遇到挫折、失去學習動機的高職生，每天在學校散漫恍神、勉強度日，快畢業時，才發現自己沒有一技之長。出外求職填履歷表，「興趣」和「專長」欄只能一片空白。許多焦慮的高三畢業生回頭向老師求助，大塚笑子鼓勵他們，可以填寫「閱讀」和「運動」兩項興趣。因為有運動習慣的人，讓人覺得開朗、健康、有毅力；有閱讀習慣的人，就代表有終身學習的能力。

但學生們還是很困擾，因為他們根本沒有什麼值得記憶的美好閱讀經驗，深怕面試的老闆細問：那你喜歡讀什麼書啊？大塚老師於是決定，在高職班上推動晨讀。概念和做法都很簡單：每天早上十分鐘，持續一週不間斷，讓學生讀自己喜歡的書。一開始，為了吸引學生，她會找劇團朋友朗讀名家作品，每週一次介紹好的文學作家故事，引領學生逐漸進入閱讀的桃花源。

沒想到不間斷的晨讀發揮了神奇的效果：散漫喧鬧的學生安靜了下來，他們上課比以前更容易專心，考試的成績也大幅提升了。這樣的晨讀運動透過大塚老師的熱情，一傳十、十傳百，最後全日本有兩萬五千所學校全面推行。正式統計發現，近十年來日本中小學生平均閱讀的課外書本數逐年增加，各方一致歸功於大塚老師和「晨讀十分鐘」運動。

台灣吹起晨讀風

二〇〇七年，天下雜誌出版了《晨讀十分鐘》一書，書中分享了韓國推動晨讀運動的高果效，以及七十八種晨讀推動策略。同一時間，天下雜誌國際閱讀論壇也邀請了大塚老師來台灣演講、分享經驗，獲得極大的迴響。

受到晨讀運動感染的我，一廂情願的想到兒子的學校帶晨讀。選擇素材的過程中，卻發現適合十分鐘閱讀的文本並不好找。面對年紀愈大的少年讀者，好文本的找尋愈加困難。對於剛開始進入晨讀，沒有長篇閱讀習慣的學生，的確需要一些短篇的散文或故事，讓少年讀者每一天閱讀都有盡興的成就感。而且這些短篇文字絕不能像教科書般無聊，也不能總是停留在淺薄的報紙新聞，才能讓這些新手讀者像上癮般養成習慣。如果幸運的遇到熱愛閱讀的老師和家長，一些有足夠深度的文本還能引起師生、親子之間，餘韻猶存的討論。

我的晨讀媽媽計畫並沒有成功，但這樣的經驗激發出【晨讀十分鐘】系列的企劃。在當今升學壓力下，許多中學生每天早上到學校，迎接他的是考不完的測驗卷。我們希望用晨讀打破中學早晨窒悶的考試氛圍。每日定時定量的閱讀，不僅是要讓學習力加分，更重要的是讓心靈茁壯、成長。在學校，晨讀就像在吃「學習的早餐」，為一天的學習熱身醒腦；在家裡，不一定是早晨，任何時段，每天不間斷、固定的家庭閱讀時間，也會為全家累積生命中最豐美的回憶。

第一個專為晨讀活動設計的系列

【晨讀十分鐘】系列，希望透過知名的作家、選編人，為少年兒童讀者編選類型多元、有益有趣的好文章。二〇一〇年，我們邀請了學養豐富的「作家老師」張曼娟、廖玉蕙、王文華，推出三個類型的選文主題：成長故事集、幽默散文集、人物故事集。

在成長故事集裡，張曼娟老師大膽挑出教科書不會出現，卻是縈繞少年心頭的主題：關於失落的童年、萌芽的愛情、無人了解的寂寞與恐懼……。「好笑」只能用「綜藝節目」式的語言表達嗎？廖玉蕙老師蒐羅了古今中外名作家的散文，讓少年讀者開懷閱讀，又能體驗高段幽默的雋永。人物故事，是探索自我的少年關鍵期必備的案頭書。喜愛歷史的王文華老師，又編又寫的打破過去「偉人傳記」的沉重，找出「勇於追求不一樣」的人物典範，他們或是當代的麵包師傅吳寶春、揚名海外的服裝設計家吳季剛、風靡世界的蘋果電腦創辦人賈伯斯；或是數百年前的怪咖鄭板橋、地理學家徐霞客………。

我們的想像是，如果中學生每天早上都能閱讀某個人的生命故事，或真實或虛構，或成功或低潮，一年之後，他們能得到的養分與智慧，應該遠遠超過寫測驗卷的收穫吧！【晨讀十分鐘】系列，帶著這樣的心願，從最「艱困」的中學階段開始，未來也會持續擴張年段和題材的多元性、陸續出版，內容包括：由少年小說專家張子樟教授所選編的「世界經典作家寓言短篇」，以及給小學生晨讀的科學故事集、童詩、童話、寓言故事等。

推動晨讀的願景

在日本掀起晨讀奇蹟的大塚老師，在台灣演講時分享：「對我來說，不管學生在哪個人生階段……，我都希望他們可以透過閱讀，讓心靈得到成長，不管遇到什麼情況，都能勇往直前，這就是我的晨讀運動，我的最終理想。」

這也是【晨讀十分鐘】這個系列出版的最終心願。

—推薦文—

晨讀十分鐘，改變孩子的一生

國立中央大學神經科學研究所所長　洪蘭

古人從經驗中得知「一日之計在於晨」，今人從實驗中得到同樣的結論，人在睡眠的第四個階段會分泌跟學習有關的神經傳導物質，如血清素（serotonin）和正腎上腺素（norepinephrine），當我們一覺睡到自然醒時，這些重要的神經傳導物質已經補充足了，學習的效果就會比較好。也就是說，早晨起來讀書是最有效的。

那麼為什麼只推「十分鐘」呢？因為閱讀是個習慣，不是本能，一個正常的孩子放在正常的環境裡，沒人教他說話，他會說話；一個正常的孩子放在正常的環境，沒人教他識字，他是文盲。對一個還沒有閱讀習慣的人來說，不能一次讀很多，會產生反效果。十分鐘很短，只有一個小時的六分之一而已，對小學生來説，是一個可以忍受的長度。所以趁孩子剛起床精神好時，讓他讀些有益身心的好書，開啟一天的學習。好的開始是成功的一半，從愉悦的晨間閱讀開始一天的學習之旅，到了晚上在床上親子閱讀，終止這個歷程，如此持之以恆，一定能引領孩子進入閱讀之門。

新加坡前總理李光耀先生看到閱讀的重要性，所以新加坡推〇歲閱讀，孩子一生下來，政府就送兩本布做的書，從小養成他愛讀書的習慣。凡是習慣都必須被「養成」，需要持久的重複，晨讀雖然才短短十分鐘，卻可以透過重複做，養成孩子閱讀的習慣。這個習慣一旦養成後，一生受用不盡，因為閱讀是個工具，打開人類知識的門，當孩子從書中尋得他的典範之後，父母就不必擔心了，典範能讓他自動去模仿，就像拿到世界盃麵包大賽冠軍的吳寶春説：「我以世界冠軍為目標，所以現在做事就以世界冠軍為標準。冠軍現在應該在看書，不是看電視；冠軍現在應該在練習，不是睡覺……」，當孩子這樣立志時，他的人生已經走上了康莊大道，會成為一個有用的人。

晨讀十分鐘可以改變孩子的一生，讓我們一起努力推廣。

推薦文

隨著認知能力發展，青少年需要不一樣的讀物

國立中央大學學習與教學研究所教授　柯華葳

青少年要讀什麼？根據閱讀發展，一般青少年可以透過閱讀學習，讀兒童的圖畫書，讀成人的科普、言情小說，或是其他以他們為對象所寫的作品，他們什麼都可以讀。

從成長與需求來說，青少年生理上會轉變為大人，認知上同樣會轉變。明顯的行為表現在他們回嘴、不在乎和不屑的表情上。一些特徵如：為辯論而抬槓、驟下結論、堅持自己的權利、故意找麻煩以及誇張的言行。青少年行為與思考上的改變是因為認知上他們可以同時處理多件事務，形成假設思考，以符號進行抽象思考並隱藏情緒。這樣的發展使他們不再滿足於單一的答案。青少年自然會質疑成人提出的是非標準與價值觀。同時，他們也看不起類似兒童的思考與行為，取笑他人幼稚就是一例。

因此，青少年的讀物在內容、結構上需要複雜些，才能引起他們認知上的共鳴。他們可以閱讀

一篇呈現不同觀點的文章，或是針對同一議題以不同觀點寫的多篇文章。青少年不但可以讀不同論點的文章，還可以分析、綜合及批判所讀到的文章。

如前面所述，青少年什麼都可以讀，因為他們的認知發展能力，已經足以批判讀物。不過，為了吸引許多有能力卻沒興趣閱讀的青少年，天下邀請張曼娟、王文華、廖玉蕙三位關心閱讀的超人氣作家，為青少年學子編選了三本文集，包括成長故事、人物故事和幽默散文。書中所選作家都是最重要的作家，不讀他們的著作便顯得無知。所選人物則是一等一人物，不知道他們的事蹟，更是無知。至於幽默，非思考複雜的人，不容易掌握其中訣竅。幽默是透過轉注、假借甚至跨領域做暗喻。兒童知道什麼好笑，但不易理解幽默。青少年的認知能力提升，當可體會文中趣味。而成長和人物故事都涉及由不同角度來讀一個人或一段事蹟，此時青少年的分析與批判能力就派上用場了。

這三本文集名為**【中學生晨讀10分鐘】**，還加入了「元氣早報」的設計，更能吸引中學生閱讀。這些文章不長，文字不深奧，但請讀者不要三兩下翻完，就覺得讀過了。建議大家養成一個習慣，慢慢讀，或許只需要三、五分鐘，然後，闔上書，安靜一下（心中默數1至30），接著問自己：讀到什麼、作者想說什麼以及自己對作者有什麼想法。若是在班級進行晨讀，請老師也放下手邊工作和學生一同閱讀。讀完後，同樣先保持沉默，這十分鐘請盡量留給學生閱讀與交流。謝謝老師。

晨讀10分鐘系列 002

[中學生]晨讀10分鐘 幽默故事集

主編／廖玉蕙
作者／余光中等
插圖／Rae

責任編輯／張文婷
封面設計／黃育蘋
內文設計／林家蓁

發行人／殷允芃
親子天下總編輯／何琦瑜
法律顧問／台英國際商務法律事務所・羅明通律師
出版者／天下雜誌股份有限公司
地址／台北市104南京東路二段139號11樓
讀者服務／（02）2662-0332　傳真／（02）2662-6048
劃撥帳號／01895001 天下雜誌股份有限公司
天下雜誌GROUP網址／http://www.cw.com.tw
電腦排版、印刷製版／中原造像股份有限公司
裝訂廠／聿成裝訂股份有限公司
總經銷／大和圖書有限公司　電話／（02）8990-2588
出版日期／2010年 7 月 第一版第一次印行
　　　　　2012年11月 第一版第十五次印行
定價／280元
書號：BCKCI002P
ISBN：978-986-241-164-3（平裝）

購買天下雜誌叢書

天下網路書店／www.cwbook.com.tw
親子天下網站／www.parenting.com.tw
書香花園（直營門市）：
地址／台北市建國北路二段6巷11號　電話／（02）2506-1635

國家圖書館出版品預行編目資料

中學生晨讀10分鐘：幽默散文集／余光中等作；廖玉蕙主編；Rae繪圖. -- 第一版. -- 臺北市：天下雜誌, 2010.07
240面；14.8 × 21公分. --（晨讀10分鐘系列；2）
ISBN 978-986-241-164-3（平裝）

815.97　　99010760